中共成都市委党校（成都行政学院、成都市社会主义学院）科研项目
"制度建党理论与实践"（E-2021-JD001）成果

制度建党
理论与实践

李仁彬　施俊伟　董波 等◎著

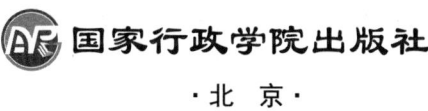

国家行政学院出版社
·北京·

图书在版编目（CIP）数据

制度建党理论与实践/李仁彬等著.—北京：国家行政学院出版社，2022.5
ISBN 978-7-5150-2642-8

Ⅰ.①制… Ⅱ.①李… Ⅲ.①中国共产党—党的建设—研究 Ⅳ.①D26

中国版本图书馆CIP数据核字（2022）第021749号

书　　名	制度建党理论与实践 ZHIDU JIANDANG LILUN YU SHIJIAN
作　　者	李仁彬　施俊伟　董　波 等
责任编辑	陆　夏
出版发行	国家行政学院出版社 （北京市海淀区长春桥路6号　100089）
综 合 办	（010）68928903
发 行 部	（010）68928866
经　　销	新华书店
印　　刷	北京盛通印刷股份有限公司
版　　次	2022年5月北京第1版
印　　次	2022年5月北京第1次印刷
开　　本	170毫米×240毫米　16开
印　　张	16.75
字　　数	208千字
定　　价	51.00元

本书如有印装问题，可联系调换，联系电话：（010）68929022

目录 CONTENTS

001 绪论

003　一、党内法规制度

011　二、党内法规的功能

013　三、党内法规建设的几个重要时期

021 第一章
共产党人对党内法规制度建设的认识

023　一、马克思主义经典作家关于党内法规建设的理论

029　二、中国共产党人党内法规建设的思想

042　三、以习近平同志为核心的党中央对党内法规建设的再认识

057 第二章
有序推进各位阶党内法规制度建设

059　一、与时俱进修改完善党章

067　二、积极稳妥制定准则和条例

078　三、及时跟进出台配套法规

第三章
085 协同推进各层面党内法规制度建设

087　一、中央层面党内法规以上率下把准方向
102　二、中央部委层面党内法规承上启下、专司一域
118　三、地方层面党内法规上下贯通落地落实

第四章
127 整体推进各领域党内法规制度建设

129　一、党的组织法规不断完善
138　二、党的领导法规逐渐健全
154　三、党的自身建设法规日益完善
166　四、党的监督保障法规持续加强

第五章
177 统筹推进各环节党内法规制度建设

179　一、科学有效制定党内法规
204　二、持续广泛宣传党内法规
208　三、严格严谨执行党内法规
216　四、合力合拍监督党内法规

第六章
227 中国共产党党内法规制度建设的经验与启示

229　一、把党内法规制度建设作为事关党和国家前途命运的重要问题
　　　摆在突出位置

235　二、党内法规制度建设必须服从和服务于党的政治路线

245　三、正确处理党内法规制度建设与党的其他方面建设之间的关系

251　四、坚持党章在党内法规制度建设中的核心地位

255　五、党内法规制度建设必须遵循平等、公开和系统的指导原则

259 后记

绪论

中国共产党百年征程，一路披荆斩棘，领导中国人民迎来了从站起来、富起来到强起来的历史性飞跃。人们不禁要问：是什么力量让中国共产党这样一个百年大党能够永远保持先进性和纯洁性？可以说，一个重要的秘诀就是中国共产党从她诞生之日起就注重把自己锻造成为一个勇于自我革命、从严管党治党的马克思主义政党。中国共产党深刻懂得：自己是肩负神圣使命的马克思主义政党，每个党员都是有着特殊政治担当的先锋队战士，不忘初心、牢记使命，必须接受更加严格的党规党纪约束。因此，制定和执行党内法规制度始终是全党的一项重要任务，一直伴随党的百年历史征程，为我们党保持健康肌体发挥了有力保障作用。为此，本书对党内法规制度建设的理论和实践进行了系统的梳理，回顾和总结党内法规建设的伟大成就，以激发广大党员自觉接受党内法规的约束、始终保持共产党人的先进性和纯洁性，为实现中华民族伟大复兴的中国梦努力奋斗。

绪 论

一、党内法规制度

党内法规制度是党内制度体系的重要组成部分，是加强党的建设的重要内容和方式。就党内法规而言，其概念也经历了一个初步创立和系统完善的过程，先后使用过"党规""党内法规""党规党法"等系列概念，尤其是 20 世纪 90 年代之后，1992 年党的十四大修订通过的《中国共产党章程》首次在党内根本大法中确认了"党内法规"这一概念，使其具有了"法定依据"。

（一）基本含义

什么是党内法规？一段时间以来，不同学科背景的理论研究者有着不同的理解。有的学者主张将"党内法规"定义为："中国共产党党内法规（党的法规），是由党的特定主体依照程序制定，体现党的意志和要求，调整党内政治、组织、权利与义务、权力与责任等重要关系，规范党组织的工作、活动和党员行为，具有明确性、规范性和强制性的行为规矩的总称。"[①] 这个概念将制定主体、程序、规范内容、法规特征和相邻概念关系一体展示出来。也有学者指出："党内法规是有权主体按照规定程序制定与认可的，反映党的统一意志，调整党务关系，规范党务关系主体行为，并由党内强制力保障实施的具有特定外在形式的规

[①] 李林：《科学定义"党内法规"概念的几个问题》，《东方法学》2017 年第 4 期。

则体系。"① 其重点在于从党内法规的内在本质、制定主体、创制方式、制定程序、调整内容、保障手段等方面进行全方位的界定，使概念更具操作性。还有学者认为，"党内法规是中国共产党借以宣示自身价值和目标、明确自身性质和定位、规范组织活动和个体行为的制度形式"②。上述概念反映了不同专业领域学者根据自身思维路径对"党内法规"进行了界定，为党内法规建设提供了理论支持。2019年8月30日，中共中央政治局会议审议通过修订后的《中国共产党党内法规制定条例》指出："党内法规是党的中央组织，中央纪律检查委员会以及党中央工作机关和省、自治区、直辖市党委制定的体现党的统一意志、规范党的领导和党的建设活动、依靠党的纪律保证实施的专门规章制度。"因此，本书讨论的"党内法规"基本内涵是以此定义为遵循，这一概念充分体现了党内法规制定的主体、规范的对象以及发挥的作用等基本要素，是制定和执行党内法规的根本依据。

（二）基本特征

党内法规制度体系与国家法律体系共同构成社会主义的法治体系。虽然党内法规制度体系是中国特色社会主义法治体系的组成部分，但是，就党内法规与国家法律比较而言，仍然有自己的显著特征，这是我们认识党内法规制度的一个重要因素。

1. 制定党内法规的主体

谁来制定党内法规，这是党内法规的基本问题。制定党内法规的主

---

① 欧爱民、李丹：《党内法规法定概念之评述与重构》，《湘潭大学学报》（哲学社会科学版）2018年第1期。
② 陈家刚：《"党内法规"：概念、属性与边界》，《新视野》2020年第4期。

体是党组织授权给特定的党内机关，由它们代行党组织制定党内法规的权力。按照《中国共产党党内法规制定条例》规定，主要有以下几个方面的制定党内法规的权力主体。

党的中央组织。《中国共产党党内法规制定条例》明确指出，党的中央组织是制定党内法规的第一主体。按照党的组织制度，党的中央组织包括党的全国代表大会、党的中央委员会、中央政治局和它的常务委员会、中央军事委员会等。比如，党章的制定和修订只能由党的全国代表大会来完成，其他党内法规则可以由党的中央委员会以及中央政治局等党的中央组织来完成制定和修订。

中央纪律检查委员会以及党中央工作机关。中央纪律检查委员会作为中国共产党中央委员会的检查监督机关，担负着维护党的章程和其他党内法规，检查党的路线、方针、政策和决议的执行情况，协助党的委员会加强党风建设和组织协调反腐败工作的主要任务。根据中央纪律检查委员会担负的特殊职责，其对党内法规的制定和执行发挥着重要作用。因此，中央纪律检查委员会也是党内法规不可或缺的一个重要的制定主体。除此之外，党中央的其他工作机关，如中央组织部、中央宣传部、中央统战部等，因为担负着党中央工作部门的重要职责，所以相关的党内法规由这些党中央的工作机关来制定，使党内法规更具科学性和可行性。

省、自治区、直辖市党委。在党的组织体系中，党的地方组织是党的组织体系的一个重要组成部分，包括省、自治区、直辖市的党组织，设区的市和自治州的党组织，县（旗）、自治县、不设区的市和市辖区的党组织。但是，在地方党组织中，具有制定党内法规权力的主体只有省、自治区、直辖市党委，也就是说其他地方党组织不具有制定党内法规的权力。

2. 党内法规的价值目标

按照《中国共产党党内法规制定条例》对党内法规的定义，党内法规"体现党的统一意志"，这就明确表达了党内法规的价值体现，也就是说党内法规对于保障全党形成统一意志起到了制度保障作用。任何政党都是代表一定的阶级和阶层利益的政治组织，具有特定的政治目标和意识形态，针对国家和社会发展有各自的主张，并订立政治纲领，展示自己的愿景。中国共产党是中国工人阶级的先锋队，同时是中国人民和中华民族的先锋队，代表着中国最广大人民的根本利益，是一个具有共同理想和信念的马克思主义政党，领导中国人民进行新民主主义革命、社会主义革命和建设、改革开放和社会主义现代化建设，坚持和发展中国特色社会主义，实现中华民族的伟大复兴。如何将党的这些政治理念、主张、目标和愿景固化下来，形成全党统一的意志，这就需要通过以党内"立法"的形式形成党内法规，确保党的统一意志的实现。

3. 党内法规的客体

就法规而言，都是针对一定对象而制定的规范性规章，这是法规的基本属性，党内法规也不例外。就我们党的党内法规而言，按照《中国共产党党内法规制定条例》规定，其主要规范对象是党的领导和党的建设活动，这一规范对象适应了党的十九大提出的"坚持党对一切工作的领导"和"加快形成覆盖党的领导和党的建设各方面的党内法规制度体系"的明确要求。中国共产党是领导中国特色社会主义事业的领导核心，办好中国的事情关键在党，必须加强党对一切工作的领导，东西南北中，党是领导一切的。但是，如何实现党对一切工作的领导，不断提高党的领导水平和执政能力，这些都需要通过党内法规的形式进行规范和提高，用党内法规制度来保证党的领导沿着正确的方向前进。同样地，在党的建设活动中，如何加强党的政治建设、思想建设、组织建设、作风建设、纪律建设等，根本的是要依靠党内法规制度的全局性、长期性和稳定性作用，通过党内法规以制度的形式将党的政治建设、思想建设、组织建设、作风建设、纪律建设取得的经验和成果等固化下来，为党的全面建设提供制度保障。

4. 党内法规的刚性约束

党内法规是党内的重要制度，依靠党内严格的纪律来保障实施，也就是说违反党内法规，实际上也就会违反党内有关纪律，违反党的纪律就会受到党内纪律惩罚和处分，这就使党内法规具有非常明确的刚性约束作用。任何法规都必须是带有"高压电"的硬性约束制度，一旦触碰就会带来相应的后果，即承担相应的违规违纪责任，否则，再多的法规也会像"稻草人"一样发挥不了震慑作用。正因为如此，党内法规特别强调其是"依靠党的纪律保证实施的专门规章制度"。

（三）党内法规与党内制度的比较分析

在党的制度体系中，经常会遇到党内法规与党内制度这两个范畴，"党内法规"往往规定"党内制度"，这就决定了党内法规与党内制度相互依存，密切联系。但是它们之间又存在根本性的区别。

1. 党内法规与党内制度概念的外延不同

党内法规是由党内特定主体制定的规章制度；党内制度是将党内的正确做法、经验、实践甚至习惯等通过规则形式固化下来约束党内行为的规范。党内法规的制定主体、表现形式、规范对象都有明确界定，相反，党内制度在这些方面就没有那么严格的要求。可以说，党内法规一定是一种党内制度，但党内制度不一定是党内法规。正因为如此，党内法规的外延小于党内制度。

2. 党内法规与党内制度制定的主体不同

党内法规是由特定主体制定的规章制度，主要是"党的中央组织，中央纪律检查委员会以及党中央工作机关和省、自治区、直辖市党委"，只有这些党组织才具有党内法规制定权，其他党内机关则没有这一权力。而制定党内制度的主体是党的各级组织，没有严格的级别限制，党的中央组织、地方党组织和基层党组织为了保障和规范党组织的工作，开展党组织的活动，实施党员教育管理和监督，根据需要都可以制定相关的党内制度。在党内生活中客观上存在着不需要党内法规或者暂时不需要党内法规来规范和调节的问题和领域，可以通过建立党内制度进行规范和约束。在这样的条件下，党内制度的制定相较于党内法规的制定就要宽泛得多，党的中央组织、地方党组织、基层党组织都可以制定党内制度。但是，党内法规的制定却是党内特定的主体才具有的权力。

3. 党内法规与党内制度的结构体系不同

党内法规是以党章为核心的法规体系，党内制度是由党的根本制度、基本制度和具体制度构成的制度体系。党内法规结构比较严谨，而且是根据党内法规的调节范围和内容具体分为以条款为表现形式的"党章""准则""条例""规定""办法""规则""细则"；党内制度既可以从纵向展开制定一系列党内制度，也可以从横向展开制定一些具体制度，在表现形式上没有严格规定为"章程""准则""条例"等条款形式。

（四）党内法规与党内规范性文件比较分析

党内规范性文件有广义和狭义之分。"广义上的党内规范性文件是指包括党内法规等在内的所有旨在调整党内关系的规范性文件，党内法规本身就是一种具有法律性质的党内规范性文件。"[①] 狭义上的党内规范性文件则是指不包括党内法规的其他党内规范性文件，"是指各级党委在履行职责过程中形成的，具有普遍约束力且可以反复适用的决议、决定、意见、通知等文件，包括贯彻执行上级党委决策部署、指导推动经济社会发展、涉及人民群众切身利益、加强和改进党的建设等方面的重要文件"[②]。党内法规和党内规范性文件都是党内制度的表现形式，由于其制定主体和适用对象的不同，二者之间存在显著差异。

1. 制定主体不同

党内法规虽然也属于党内规范性文件，但是，党内法规是党内规范性文件中具有法律效力的文件，因此，党内法规的制定主体仅限于党内专门机关，除了《中国共产党党内法规制定条例》规定的主体，其他党内组织都无权制定党内法规。党内规范性文件不属于法律性质的党内规则，这些规则虽然是为相关党员和党组织制定而且要遵守的规则，但是，没有党内法规那样强的法律约束力，其制定的主体宽泛，所有能够行使党内权力的组织都可以根据需要制定党内规范性文件。也就是说，

[①] 刘长秋、史聪：《论党内法规与党内规范性文件的关系》，《桂海论丛》2020年第6期。
[②] 熊海清：《提升党内规范性文件工作水平》，《秘书》2017年第9期。

党内规范性文件的制定主体，不仅可以是党内法规的制定主体，也可以是其他党组织主体。由此看来，党内规范性文件的制定主体范围要大于党内法规的制定主体。

2. 调整范围不同

党内法规的调整对象是特定的，《中国共产党党内法规制定条例》对此进行了严格的限定，即党内法规主要是"规范党的领导和党的建设活动"。也就是说，党内法规所调节的事务一般是与党的活动有关。"这些法规必须是有关党的建设的法规，既是党用来管党的法规，也是党用来治党的法规，是事关党的建设、党的发展甚至是党生死存亡的法规，无关乎党的建设的法规不在其列。"①"而党内规范性文件则不同，其调整范围不仅包含党组织的工作与活动以及党员的行为，还可以包括对党中央决策部署的贯彻落实、对经济社会发展的指导、对党组织及党员权利义务关系的调整、对党的建设的加强和改善等方方面面的内容，其适用范围既可能是针对党员及党组织的行为，也可能是贯彻落实某项国家政策，其规范性要求要远弱于党内法规。"② 从这里我们不难发现，党内规范性文件比党内法规的调整范围广，在管党治党方面具有更大空间的发挥作用。

3. 表现形式不同

党内法规作为我国社会主义法治体系的重要组成部分，具有公开性方面的基本要求。正因为如此，按照《中国共产党党内法规制定条例》规定："党内法规除涉及党和国家秘密不得公开或者按照有关规定不宜

---

① 刘长秋：《论党内法规的概念与属性——兼论党内法规为什么不宜上升为国家法》，《马克思主义研究》2017年第10期。

② 刘长秋、史聪：《论党内法规与党内规范性文件的关系》，《桂海论丛》2020年第6期。

公开外，应当在党报党刊、重点新闻网站、门户网站等党的媒体上公开发布。"也就是说，党内法规应该把公开作为自己的原则，不公开的恰恰是少数例外。但党内规范性文件对公开性就没有作为必然要求，党内规范性文件是制度范畴，不是法律范畴，尤其是某些具体的事务还具有涉密性，不适用党内法规的形式。在具体表达方式上，党内法规体现为党章、准则、条例、规则等，行文按照《中国共产党党内法规制定条例》规定："党内法规一般使用条款形式表述，根据内容需要可以分为编、章、节、条、款、项、目。"但党内规范性文件就没有这些必须的要求。由此看来，党内法规的表现形式有严格的规定和要求；党内规范性文件体现为决议、决定、意见等，表现为段落形式，相对而言更具灵活性。

二、党内法规的功能

功能即事物或方法所发挥的有利作用和效能，党内法规的功能是指党内法规在党的内部治理和对外管理中发挥的作用和效能。

（一）规范党的组织形态，确立党的政治属性

中国共产党作为一个严密的政治组织，向世人宣告自己是一个什么样的组织，这就必须依靠党内法规来确立和规范。党的一大就制定了党的第一个纲领，虽然这个纲领不具有严格意义的党章性质，但起到了党章的作用，基本上规范了中国共产党的组织形态和性质。党的二大制定了中国共产党第一部完整意义的党章，从党内法规的形式明确规定了中

国共产党的组织形态和政治属性。此后,随着党章的不断修订和完善,以及系统的党内法规的制定和颁布,我们对中国共产党的组织形态和政治属性有了十分清晰的认识。比如,党章规定了中国共产党的性质、宗旨、指导思想、组织纪律、党内组织结构等,从这一党内法规可以清晰看出中国共产党的组织形态和政治属性,从准则、条例、规则等系列党内法规可以深化对中国共产党组织形态和政治属性的认识。

(二) 规范党员权利和义务,落实党内民主制度

党员是构成党组织的基本要素,党员不仅是党的建设需要规范和制约的对象,更是具有自主性、能动性和创造性的行为主体,通过党内法规明确界定党员的权利和义务,确保每一个党员成为权利和义务相统一的能动实践者。因此,通过党内法规形式明确规范党员具有的权利及党员应尽的义务,告诉党员可以做什么、应该做什么、不能做什么,以党内法规的权威性来规范党员的基本权利和义务,为发挥党员的先锋模范作用提供了制度保障。

(三) 规范党内的责任追究,依规管党治党

有权必有责、失责受追究,是现代公共管理的一项重要原则。同样,对一个政党的治理也必须实行责任追究。党内责任追究是党内治理的一项重要内容,加强党内责任追究的规范化程度是衡量一个政党法治化水平的重要指标。它既能够保证违纪行为得到及时、有效的追究,又能够保证责任追究行为自身的公正性,从而防止党内权力的滥用。就我们目前的党内法规来看,党内责任追究表现在诸多方面。比如,《中国共产党章程》从总体上明确了党的纪律,并对违反纪律的党员作出五

种形式的处分;《中国共产党纪律处分条例》具体地对违反政治纪律、组织纪律、廉洁纪律、群众纪律、工作纪律和生活纪律六个方面的情形作出了详细的处分规定。这就清楚地告诉全党,凡是违反党的纪律的各种情形都必须追究其责任,并受到党内法规的处罚,确保党是一个具有严密组织纪律的马克思主义政党。

(四)规范党与公共管理的关系,确保党的领导法治化

中国共产党是中国特色社会主义事业的领导核心,作为领导核心不可能不与国家机关、非党组织以及非党员干部和普通群众发生联系,否则,党的领导就是一句空话。因此,党内法规有很强的"外溢"效应,这也是2019年新修订的《中国共产党党内法规制定条例》把规范的对象从"党的组织工作、活动和党员行为"调整为"党的领导和党的建设活动"的一个根本原因。如果说党的建设是特定主体的党的内部行为规范,那么党的领导就是一个比较广泛的社会关系。正因为如此,党内法规才具有了相应的"外溢"效应,具体讲就是党内法规在规范党组织与国家机关的关系以及科学执政、规范党组织与经济组织和社会组织的关系、规范党组织与各个利益群体的关系等方面都会发生很大的作用。这些关系由相应的党内规范进行调节,确保了党的领导的法治化。

三、党内法规建设的几个重要时期

中国共产党从成立伊始就向世人宣告,自己是一个具有严密组织纪

律的工人阶级政党。一百年来，中国共产党在新民主主义革命、社会主义革命和建设、改革开放和社会主义现代化建设、中国特色社会主义新时代的各个不同历史时期，根据党的历史任务的具体变化，因事而化、因时而进、因势而新持续开展党内法规建设，有力地保证了党的坚强领导和党的自身建设。

（一）1921—1949 年：从纲领章程到党内法规

1921—1949 年，是中国共产党成立后领导中国人民进行艰苦卓绝革命斗争的 28 年。在这 28 年里，党内法规建设经历了一个从无到有的发展过程，并打上了革命战争年代的深刻烙印，这一时期具有以下特征。

1. 以制定党章、完善以党章为中心的党内法规建设

建党初期，党内法规建设的重点是围绕党章的制定和修订，建立党内基本的制度规范。在党的一大上通过了《中国共产党第一个纲领》（以下简称一大党纲），对党的组织原则、组织机构、组织纪律和发展党员作了明确的规定。党的二大，讨论和通过了《中国共产党章程》，这是第一部比较完整的党章，共六章。第一次详尽地规定了党员条件和入党手续，对党的组织原则、组织机构、党的纪律和发展党员作了明确的规定。此后，共有四次党的全国代表大会都对党章进行了修订完善，为全国各级党组织及党内各项活动的开展提供了根本遵循。大革命失败后，中国共产党进入武装反抗国民党反动统治的地下时期，如何改组、转型适应新环境、完成新任务成为这一时期党内法规建设的主要内容。全面抗战时期，我们党领导的八路军和新四军深入敌后，如何在战争环境和分散条件下加强党的集中统一、提高全党马克思主义中国化的能力

和水平,是党内法规着力解决的问题。为此,党的七大制定了一部可以说是新民主主义革命时期最具有完整意义的党章,这部党章使中国共产党党内法规建设达到了一个新的高度。

2. 党内法规意识得到确立

中国共产党党内法规意识经历了一个从模糊到明确的过程,最终在延安时期树立起来。1938年党的六届六中全会召开,毛泽东同志在报告中首次提出了"党内法规"的概念。会上,刘少奇同志在《党规党法的报告》中阐明了党规党法所具有的从"法律上"保证党的团结与统一、教育党员之作用。会议还通过了《关于中央委员会工作规则与纪律的决定》《关于各级党委暂行组织机构的决定》《关于各级党部工作规则与纪律的决定》等党内法规性文件。此后,1941年和1942年,中国共产党为了克服党的领导弱化的问题,相继通过了《关于增强党性的决定》《关于统一抗日根据地党的领导及调整各组织间关系的决定》《关于加强统一领导与精兵简政工作的指示》等,纯洁了党的队伍,维护了党的权威,为抗日战争和解放战争的胜利提供了有力保障。

3. 党内法规表现形式没有统一

按照现行的《中国共产党党内法规制定条例》规定,党内法规具体表现形式是党章、准则、条例等。但是,这一时期党内法规的表现形式具体名称没有统一,只有党章是严格的党内法规名称,其他各种名称都有。据统计,"决议(案)、议决案"共计37部,"通告(通知)"共计30部,"指示"共计19部,"决定"共计18部,"规定"共计5部,"条例"共计5部,"任务"共计3部,"训令"共计2部,"提纲

(大纲)"共计 2 部,"法" 1 部,"计划" 1 部,"办法" 1 部,"守则" 1 部。① 由此看来,这一时期党内法规在表现形式上并不完全统一。

(二) 1949—1978 年:全面执政条件下党内法规建设的探索

1949 年 3 月,毛泽东同志在党的七届二中全会上要求全党务必继续保持谦虚、谨慎、不骄、不躁的作风,务必继续保持艰苦奋斗的作风,警惕资产阶级"糖衣炮弹"的攻击,为新中国党内法规建设提出了明确方向。这一时期党内法规具有以下特征。

1. 党内法规重视规范党与政府的关系

新中国成立后,中国共产党从革命党转变为执政党,如何处理党与政府的关系的任务摆在了党的面前。因此,党中央及其各部门积极探索,相继制定了一批党内法规。比如,1949 年《中共中央关于中央人民政府成立后党的文化教育工作问题的指示》,1953 年《中共中央关于加强中央人民政府系统各部门向中央请示报告制度及加强中央对于政府工作领导的决定(草案)》《中共中央关于加强对中央人民政府财政经济部门工作领导的决定》,1962 年《中共中央关于有计划有步骤地交流各级党政主要领导干部的决定》,1965 年《中共中央关于在全国工业交通系统建立政治工作机关的决定》,等等。这些党内法规的制定,表明了党开始探索如何处理与政府的关系,并试图用党规党法的形式来领导政府的工作。

2. 党内法规开始注重系统性建设

随着党的工作重心转移,以及党的执政和领导地位的确立,党内法

---

① 王振民、施新州等:《中国共产党党内法规研究》,人民出版社 2016 年版,第 27 页。

规建设也开始从单一的党章规范向着多层次的党内法规延伸。这一时期除了党的八大修改通过了一部新的党章,同时也在组织法规方面制定了12部党内法规,在规范党员和党的干部方面制定了17部党内法规,在党的纪律方面制定了17部党内法规,在党的教育宣传方面制定了2部党内法规,在党的军事方面制定了11部党内法规。这些党内法规的制定丰富了党内法规体系,适应了中国共产党从革命党向执政党的转变。

3. 党内法规体系建设遭受挫折

从新中国成立到党的八大召开,这一时期形成了以八大党章为核心的党内法规建设体系,推动了新中国党内法规体系建设。但遗憾的是,从1957年开始,由于当时国际国内形势的变化和影响,加上长期革命战争的惯性思维,党未能从根本上实现由革命党到执政党的转变,而是以政治运动中的政策、领导人的讲话、指示和批示逐渐代替了党内法规制度,甚至在"文化大革命"时期,蔑视法律法规、法律虚无主义盛行,党内法规体系建设停顿甚至遭到了破坏,导致这一时期党内法规建设出现严重挫折。

(三) 1978—2012年:党内法规建设恢复发展时期

1976年10月,粉碎"四人帮"以后,党在各个领域开始拨乱反正,尤其是党的十一届三中全会后,针对当时党内秩序和国家秩序存在的问题,强调以党内法规推动党的建设,恢复和发展党内法规建设,这一时期党内法规具有以下特征。

1. 重塑党内法规的权威

从深刻吸取"文化大革命"的教训,坚持依规治党管党,树立党内法规的权威性。邓小平同志指出："国要有国法，党要有党规党法。党章是最根本的党规党法。没有党规党法，国法就很难保障。"① 党的十一届三中全会公报指出："根据党的历史的经验教训，全会决定健全党的民主集中制，健全党规党法，严肃党纪。"从此以后，党内法规有了自己的明确定位，不再与党的一般文件、工作安排等混为一谈，党内法规的规范性得到尊重。

2. 党内法规概念得到"法定"

1990年7月，中共中央印发《中国共产党党内法规制定程序暂行条例》，第二条首次明确界定了党内法规的概念："党内法规是党的中央组织、中央各部门、中央军委总政治部和各省、自治区、直辖市党委制定的用以规范党组织的工作、活动和党员的行为的党内各类规章制度的总称。"1992年10月，党的十四大第一次将"党内法规"写入党章，以党的根本大法的方式确认了"党内法规"的概念。从此，党内法规得到了党内根本大法的明确肯定，党内法规的概念也就有了明确的法律依据。

3. 增强了党内法规的规范性

随着改革开放和现代化事业的稳步推进，国家法治建设取得明显成效，党内法规建设也有了系统性的发展。党的十二大制定了新党章，结束了之前几部党章在思想上组织上的混乱，其后的几部党章在十二大党章的基础上保持了传承性，为党内法规建设打下了坚实基础，此后，以党章为基础的党内法规建设得到了系统化的发展。特别是1990年《中国共产党党内法规制定程序暂行条例》对党内法规的名称作了统一规

---

① 《邓小平文选》第二卷，人民出版社1994年版，第147页。

定，规定明确了党内法规的名称为"党章、准则、条例、规则、规定、办法、细则"，"中央纪律检查委员会、中央各部门制定并颁发的党内法规称规定、办法、细则"。同时，对党内法规的制定权限、制定原则、规划与计划、起草、审批与发布、适用与解释、备案、清理与评估等作出了明确规定，这一规定使党内法规的制定进一步增强了规范性。

（四）2012年到现在：全面从严治党与党内法规体系建设

党的十八大以来，以习近平同志为核心的党中央着眼于协调推进"四个全面"战略布局，把制度治党、依规治党作为全面从严治党的重要内容进行统筹谋划，以一系列新思想新实践推动党内法规建设取得新成果，党内法规的质量进入全面提升阶段。这一时期党内法规建设具有以下特征。

1. 总体布局、全面谋划党内法规建设

为了适应新时代要求，科学全面谋划党内法规建设，有计划、分步骤推进党内法规建设。党的十八大以来，中央先后于2013年11月和2018年2月分别制定颁布《中央党内法规制定工作五年规划纲要（2013—2017年）》《中央党内法规制定工作第二个五年规划（2018—2022年）》，两个五年规划纲要对党内法规的制定作出了总体布局和全面谋划，确保了党内法规有序有力推进。

2. 不断提升制定党内法规的质量水平

党内法规的有效性直接依赖于党内法规的质量和水平，为了不断提升党内法规的质量和水平，更加注重制定和修订适应管党治党需要的党

内法规体系框架,努力构建"内容科学、程序严密、配套完备、运行有效的党内法规制度体系",适应了新时代要求。进一步健全了"党的组织法规""党的领导法规""党的自身建设法规""党的监督保障法规",使党内法规体系得到全面加强和提升,增强了党员干部依法执政本领,提高了管党治党水平,为党在新时代中国特色社会主义的伟大实践中始终成为坚强领导核心提供了制度保证。

3. 维护党内法规体系的统一性和权威性

党内法规是时代的产物,随着时代的发展变化,有些党内法规也会随着时代的变迁出现不能适应新时代要求的问题。因此,修订、废止和制定就成为党内法规体系建设的重要任务。据统计,"2012—2014 年、2019 年,在全党范围内先后进行两次党内法规和规范性文件集中清理,决定废止、宣布失效和修改 866 件中央法规文件,实现党内法规制度'瘦身'和'健身'。"[①] 通过集中清理,党内法规增强了时代性、科学性和适用性,进一步健全了党内法规体系,维护了党内法规体系的统一性和权威性。

[①] 中共中央办公厅法规局:《开辟新时代依规治党新境界——党的十八大以来党内法规制度建设成就综述》,《人民日报》2021 年 6 月 17 日。

第一章

共产党人对党内法规制度建设的认识

党内法规是中国共产党宣示使命和目标、规范组织行动的制度形式。加强党内法规建设是中国共产党在实践探索中形成的优良传统，同时也是我们党走向成功的政治优势。中国共产党对党内法规建设的认识是一个不断丰富和发展的过程，是我们党坚持把马克思主义基本原理与中国具体实践相结合，系统总结党的建设规律的过程。

一、马克思主义经典作家关于党内法规建设的理论

马克思主义经典作家在领导无产阶级革命运动的过程中形成了丰富的建党治党思想,其中关于党的纪律建设和党内法规建设问题的思考是其建党思想的有机组成部分,并且成为无产阶级政党管党治党的理论和实践指南。

(一)马克思、恩格斯关于党内法规建设的理论

马克思、恩格斯在领导无产阶级政党进行斗争的实践中,越来越深刻地认识到无产阶级政党纪律建设的重要性,并对如何加强纪律建设作了一系列的思考和探索。马克思、恩格斯虽然没有直接提出"党内法规"的概念,但他们关于党内法规的思想蕴含在其丰富的建党思想理论体系之中。

1. 将"法律""法规"的概念引入党内

无产阶级政党只有组织起来,实现团结统一才有力量。马克思特别要求无产阶级政党要捍卫党的团结统一,而党内纪律的建立正是捍卫团结统一的重要前提。严格的党内纪律是组织集中统一,形成组织力量的重要保障。任何一个政党在行动的时候都离不开有效的组织纪律,无产阶级政党更是要加强纪律建设。1847年,马克思在帮助正义者同盟改组为共产主义者同盟时,要求确定党的无产阶级性质,重新规定了严格的入盟条件,强调"我们现在必须绝对保持党的纪律,否则

将一事无成"①。制定严格的纪律是无产阶级政党取得成功的先在条件。在从事革命活动的过程中，马克思、恩格斯作为共产主义者同盟、国际工人协会的领导人，根据无产阶级队伍的状况和斗争形势的需要确立了无产阶级政党的组织原则和纪律规则要求，这些探索为此后无产阶级政党的发展提供了宝贵经验和理论基础。关于如何保持无产阶级的纪律问题，马克思、恩格斯坚持党需要有一个权威的中央机构，同时要实行彻底的民主制。在党的纪律建设问题上，他们要求维护中央机构的权威，反对松散的组织架构。② 在无产阶级建党实践中，马克思、恩格斯引入了"法"的理念，并且将"法律""法规"的概念引入党内，强调要加强党的"法律"或"法规"建设，其本质是加强无产阶级政党的纪律性，使党内的规章制度具有"法律"效力，以规范党员行为，增强党的战斗力。

2. 党纲党章是党的"法律"

马克思、恩格斯认为无产阶级政党需要制定自己的"法律"，赋予其党内的权威效力，这就是党的纲领和党的章程。无产阶级政党要把正确、科学的思想理论观点和宗旨目标旗帜鲜明地体现在党纲和党章中，以成为党的行动指南。党的纲领体现了党的性质宗旨、任务，并明确党的奋斗目标；党章则体现了组织原则和制度规定，具有规范性和约束力。党纲和党章是无产阶级政党纪律性的根本体现。恩格斯第一个将"法"的概念引入党内文件规定中，将党的章程称为党的"法律"，凸显了党纲和党章的权威性、严肃性。恩格斯曾经说："一个新的纲领毕

---

① 《马克思恩格斯全集》第二十九卷，人民出版社1972年版，第413页。
② 尤国珍：《百年经验与时代要求：党纪律建设的创新路径》，《中国特色社会主义研究》2020年第1期。

竟总是一面公开树立起来的旗帜,而外界就根据它来判断这个党。"①党纲就是无产阶级政党的政治宣示,是区别于其他政党的标志。马克思也指出:"制定一个原则性纲领(应该把这件事推迟到由较长时间的共同工作准备好了的时候),这就是在全世界面前树立起可供人们用来衡量党的运动水平的里程碑。"② 马克思、恩格斯都非常重视党纲和党章的作用,并明确指出党纲和党章就如同"旗帜"宣示了党的奋斗目标和性质宗旨,向人们展示了无产阶级政党的形象,规定无产阶级政党的奋斗方向,成为共产党人的行动指南,也是无产阶级政党区别于其他政党的显著标识。党纲党章以"法律"的严肃性约束共产党人的行为,成为党内的行动指引和思想指引,为无产阶级政党完成历史使命指明了方向,奠定了基础。

3. 根据时代形势完善党的"法律"

时代和形势的发展决定了制度和规则的制定也应该与时俱进。党的党纲和党章确定后也并不是一劳永逸的,必须随着实践的发展不断修订完善。马克思、恩格斯认为,党内的纪律和规则也应该随着各阶段革命的任务和目标的转变而进行及时的修改,同时补充新的内容。恩格斯提出党的"法律"也应该在实践中完善,并且提出了党内法规的发展性,即"一个有生命力的党所借以进行活动的法权基础,不仅必须由它自己建立,而且还必须可以随时改变"③。在这一论述中,恩格斯阐明了无产阶级政党应该建立在"法权"即一定的规则基础之上,并随着时代的需要而进行适时的修改、调整和完善,以此才能真正地保障党内法

---

① 《马克思恩格斯选集》第三卷,人民出版社2012年版,第350页。
② 《马克思恩格斯选集》第三卷,人民出版社2012年版,第355页。
③ 《马克思恩格斯全集》第三十四卷,人民出版社1972年版,第395页。

规的生命力和解释力。更进一步而言，党纲和党章必须随着实践的发展而进行调整和修订，这样才能把握"事物的法的本质"，即"精神关系的内在规律"。作为马克思主义理论的创始人，马克思、恩格斯关于党内法规建设进行了详细的论述，其富含科学性、规律性的阐释成为各国共产党进行纪律建设的行动指南。马克思、恩格斯关于党内法规的认识和思想观点，也因为在实践中不断发展而具有不竭的生命力。

（二）列宁对党内法规的理论阐述

马克思、恩格斯关于党内法规的思想成为列宁建党思想的重要组成部分。列宁在领导苏联（俄）社会主义革命和建设中围绕无产阶级政党纪律性问题对党内法规建设进行了理论和实践探索，创造性地提出了一系列重要思想。

1. 严明的党纪是政党生命力的保障

列宁在管党治党的实践中也总结指出严明的纪律是党先进性的重要保障。党的纪律是约束党员行为的重要制度规范，是保持党的先进性和引领性的制度保障，关系着党的生命力问题。列宁特别注意保持党员队伍的纯洁性和先进性，主张坚决清除不合格党员，指出："世界上只有我们这样的执政党，即革命工人阶级的党，才不追求党员数量的增加，而注意党员质量的提高和清洗'混进党里来的人'。"[①] 只有实行严格的纪律，以党规党纪约束党员的行为，无产阶级政党才能保持先进性和纯洁性。列宁在总结革命成功经验时指出，"无产阶级实现无条件的集中

---

① 《列宁专题文集：论无产阶级政党》，人民出版社2009年版，第222页。

和极严格的纪律,是战胜资产阶级的基本条件之一"①。严格的纪律是革命成功的基础,同时严格的纪律也是社会主义建设的重要保障。列宁在继承马克思、恩格斯关于党内法规建设思想成果的基础上,将其创造性地运用到本国的无产阶级政党建设实践中,发展了党的建设理论,提升了党内法规建设的理论化、系统化水平。列宁主张建立一个在中央集中领导下实行严密组织、严明纪律的无产阶级政党,"不加强和发展革命的纪律、组织和秘密活动,就不可能同政府进行斗争"②。在实践中总结经验教训,加强党的纪律建设,是列宁一贯坚持的建党原则。1899年8月,列宁在《社会民主党人抗议书》中指出:"俄国以前一切革命运动的传统,要求社会民主党现在集中全力来组织党,加强党内纪律并发展秘密活动的技术。"③ 为提高党的集中统一领导,列宁认为必须把民主集中制写入党章,《俄国社会民主工党组织章程》明确规定:"党的一切组织是按民主集中制原则建立起来的。"④ 由此,民主集中制被作为党的根本组织制度确定下来。可见,在列宁关于党的纪律建设思想中,他一直把铁的组织纪律视为实现革命目标和进行社会主义建设的重要保障,把党内法规建设的重要性上升到了新的高度。

党的章程和纲领是党内法律的存在,具有严肃性和根本性。列宁指出党章和决议的产生、修改也需要有严格的程序,党的代表大会就是唯一的"立法"主体。1905年4月17日,在阐明中央委员会和党总委员会之间的矛盾关系时,列宁指出,"我们党的生活的内部矛盾的发展,正在冲击着党的第二次代表大会给我们定下的狭小的、正如现在我们大

---

① 《列宁专题文集:论无产阶级政党》,人民出版社2009年版,第245页。
② 《列宁选集》第一卷,人民出版社2012年版,第158页。
③ 《列宁选集》第一卷,人民出版社2012年版,第271页。
④ 中共中央党校党建教研室编:《苏联共产党章程汇编》,求实出版社1982年版,第12页。

家清楚地看到的、远不完善的章程的框框。必须有新的形式,或者至少也要改变旧的形式,而能够做到这一点的是社会民主党的唯一立法者——党的代表大会……"①。这一论述继承和发展了马克思、恩格斯关于党的"法律""法规"的观点,再次申明了党内法规的严肃性,并且更明确地指出党内法规的修改必须由党的代表大会作出决定,党的代表大会是党内法规唯一的立法者和权威主体。同时,列宁还指出党内法规建设要与时俱进,根据形势的发展及时制定和修改相关法规。除了党章,其他的基本法规和决定也应该作出适应形势发展的修改和完善。在1921年3月召开的俄共(布)十大会议上通过了多项党内法规和决议,其中就包括《关于监察委员会》等决议,随后又出台了《关于清党问题的建议》《关于入党条件的意见》,这些文件的出台对党吸纳新的力量、清除不合格分子作出了明确的规定,党内法规的制定对于纯洁党的队伍、提升党的战斗力都具有重要作用。这些党的法规和规范性文件围绕党章制定并颁布,增强了党内法规的科学性和严肃性。

2. 重视党内法规的执行

列宁还非常重视党内法规的执行情况,认为铁的纪律和良好的党内法规只有被严格遵守和执行才能发挥应有的功效。在如何推动党内法规有效执行问题上,列宁指出应该围绕加强党的集中统一领导、有效实现党内监督、提高党的先进性展开。列宁强调,通过实行"民主选举制度、报告制度、公开党的会议和活动、健全集体领导和各种会议等具体制度和机制,确保党内法规的有效实施"②。这些更为详尽和具体的措

---

① 《列宁全集》第十卷,人民出版社1987年版,第74页。
② 操申斌:《"党内法规"概念证成与辨析》,《当代世界与社会主义》2008年第3期。

施、程序流程是党内法规有效执行的载体和重要依托。同时，列宁还强调通过加强监督来保障党内法规的有效执行，以及通过各种配套制度的颁布来保证党内法规的有效执行。因此，制度的推行者本身也应该受到严格的监督。无产阶级政党"必须把欺骗分子、官僚化分子、不忠诚分子和不坚定的共产党员以及虽然'改头换面'但内心里依然故我的孟什维克从党内清除出去"①。列宁多次强调通过严格的纪律保证党的先进性，通过有效监督纯洁党的队伍，他指出："徒有其名的党员，就是白给，我们也不要。"② 为了加强监督，列宁建议可以扩大范围在工人和农民中挑选先进分子进入中央监察委员会行使监督权。通过完善中央监察委员会的设置，监督各级党组织和党员更好行使权力。同时，列宁还要求充分发挥广大人民的主体性作用，调动群众的力量对党内进行监督，防止出现权力的滥用。为了使党内法规更有效的执行，列宁要求各级党组织发挥模范带动作用，尤其是发挥先进党员的先锋模范作用，更好地带动执行，形成示范效应，从而在整体上提高党内法规的贯彻执行力度，使党内法规有效运行，起到管党治党的作用。

二、中国共产党人党内法规建设的思想

中国共产党的成长史就是一部党内法规的形成和发展历史。"人们自己创造自己的历史，但是他们并不是随心所欲地创造，并不是在他们选定的条件下创造，而是在直接碰到的、既定的、从过去继承下来的条

---

① 《列宁选集》第四卷，人民出版社2012年版，第562页。
② 《列宁专题文集：论无产阶级政党》，人民出版社2009年版，第222页。

件下创造。"① 结合不同历史时期的时代课题和时代特点，中国共产党人把马克思主义党内法规建设的思想和理论与中国具体实际相结合，形成了系统的、具有中国特色的党内法规建设思想指导中国实践。

（一）毛泽东同志关于党内法规建设的思想

党内法规的建设实践与中国共产党的成立相伴而生，中国共产党历史上的第一部党内法规就是1921年党的一大会议上确立的党纲，党的二大通过的《中国共产党章程》是第一部党章。但是"党内法规"的概念却是毛泽东同志在1938年党的六届六中全会最早提出来的。他不仅首先提出了这一重大命题，而且推动马克思主义党内法规思想与中国具体实践相结合，形成了独具特点的党内法规建设思想，主要体现为以下几个方面。

1. 用党内法规统一党的行动

中国共产党对党内法规的高度重视，既与马克思主义政党与生俱来严密的组织纪律性有关，也与中国的革命形势有很大关联。为了保持党的生存和发展的需要，纯洁党的队伍，保持党的先进性，我们党始终把纪律建设放在突出重要的位置。1922年党的二大通过的有关决议，就突出强调全党必须树立"铁似的纪律"②，要求工会组织必须具有"纪律的训练"③。1929年在《古田会议决议》中规定，"党的纪律之一是少数服从多数"，"红军纪律是一种对群众的实际宣传"等。"党内法

---

① 马克思：《路易·波拿巴的雾月十八日》，人民出版社2018年版，第9页。
② 中共中央文献研究室、中央档案馆编：《建党以来重要文献选编（1921—1949）》第一册，中央文献出版社2011年版，第162页。
③ 中共中央文献研究室、中央档案馆编：《建党以来重要文献选编（1921—1949）》第一册，中央文献出版社2011年版，第153页。

规"这一概念提出有着更为直接的原因，1938年10月毛泽东同志作了题为《中国共产党在民族战争中的地位》的政治报告。此次报告针对张国焘所犯的右倾机会主义错误，以及忽视民主、严重破坏纪律的行为，提出："必须对党员进行有关的纪律的教育，既使一般党员能遵守纪律，又使一般党员能监督党的领袖人物也一起遵守纪律，避免再发生张国焘事件。为使党内关系走上正轨，除了上述四项重要的纪律外，还须制定一种较详细的党内法规，以统一各级领导机关的行动。"① 于此，毛泽东同志第一次创造性地提出"党内法规"概念，并指出党内法规旨在形成一种制度规范，统一党内的行动。在毛泽东同志看来，党内法规是具有原则性的纪律形式，区别于"个人服从组织""少数服从多数""下级服从上级""全党服从中央"这四项纪律。② 作为无产阶级政党，我们党必须用严格的党内法规保障党的凝聚力和向心力，增强党的战斗力，防止出现分裂组织的行为。此后，"党规""党法"等概念开始逐渐得到党内同志的认同，并出现在党的文献报告中。

2. 围绕形势与任务加强党内法规建设

毛泽东同志注重在党的革命和建设实践中完善党内法规，强调围绕党在各个时期的任务，修改党章及相关法规。针对党领导革命的任务使命，1938年9月在党的六届六中全会上，毛泽东同志强调党的纪律教育的重要性时指出，"不但在养成一般党员服从纪律的良好作风上是必要的；而且在监督党的领袖使之服从纪律，也有其必要"③。同时，党

---

① 《毛泽东选集》第二卷，人民出版社1991年版，第528页。
② 王海军、廖皇珠：《中国共产党制度治党语境下"党内法规"概念的历史流变》，《山东社会科学》2020年第6期。
③ 中央档案馆编：《中共中央文件选集》第十一册，中共中央党校出版社1991年版，第652页。

的六届六中全会通过了《关于中央委员会工作规则与纪律的决定》《关于各级党部工作规则与纪律的决定》等多项党内法规，这些决定对各级党委应该遵守的纪律进行了详细规定，使各级党委的职责更为明确，更具有可操作性。新民主主义革命时期，我们党不仅提出了"党内法规"的概念，并且从实践中探索制定了一批党内法规制度，完善了党的组织纪律。为适应新的形势和任务需要，延安时期党中央制定了大量的组织建设法规。1945年，党的七大通过的党章中明确规定了党的政治纪律，党内不能容许有破坏党的纲领和党章、党纪的行为，否则坚决清除出党。新中国成立后，为适应执政条件下的形势任务，要求推进党内法规制度建设，增强纪律建设的刚性。1949年11月，中共中央作出《关于成立中央及各级党的纪律检查委员会的决定》，成立的中央纪委其主要任务是检查审理党内违纪行为。1952年，中共中央发布《关于加强纪律检查工作的指示》。1954年，党的七届四中全会通过了《关于增强党的团结的决议》，制定了一系列推进纪律建设的具体制度，形成了严密的纪律检查体制。1956年，党的八大通过的新党章决定成立中央监察委员会和地方监察委员会，主要任务是"经常检查和处理党员违反党的章程、党的纪律、共产主义道德和国家法律、法令的案件"[①]。八大党章反映了新中国成立后，社会主义建设过程中党所面临的时代课题与历史责任，以及党内法规的制度建设主要解决的重点问题。通过党内法规的建设加强党的集中统一领导，正如八大党章草案的总纲所说："党的团结和统一，是党的生命，是党的力量的所在。经常注意维护党

---

① 《中共中央文件选集（1949.10—1966.5）》第二十四册，人民出版社2013年版，第245页。

的团结，巩固党的统一，是每一个党员的神圣职责。"① 由此可见，党内法规围绕各个时期党的历史任务不断修改、补充和完善，使党的建设更加科学化。

（二）邓小平同志关于党内法规建设的思想

1978 年底，党的十一届三中全会把党和国家工作的重点由"以阶级斗争为纲"转向经济建设，从此标志着我国社会发展进入崭新阶段。在这个时期，党的建设也逐渐步入正轨，为中国社会发展拨正了航向。在继承毛泽东同志治党治国思想的基础上，邓小平同志不仅思考了社会主义建设的问题，而且在管党治党问题上也有很多新的战略考量和具体部署，② 进一步推动了党内法规建设进程。

1. 治国必须先治党

中国共产党的执政党地位，决定了其在国家治理中的先导性作用。在改革开放之初，邓小平同志就强调了党的建设的重要性，指出党的建设是国家治理的前提和基础，关系着国家发展的未来走向。正是基于总结"文化大革命"破坏法规、无视法治的惨痛历史教训，在 1978 年中央工作会议中，邓小平同志从国家战略的层面把党内法规与国家法律的关系作了充分的阐释，他指出："国要有国法，党要有党规党法。党章是最根本的党规党法。没有党规党法，国法就很难保障。"③ 这些阐释深刻揭示了治党与治国、党规与国法之间的辩证统一关系，党内法规之

---

① 中共中央文献研究室编：《建国以来重要文献选编》第九册，中央文献出版社 1994 年版，第 144 页。
② 李君如：《邓小平的"治党论"》，《中国特色社会主义研究》2014 年第 4 期。
③ 《邓小平文选》第二卷，人民出版社 1994 年版，第 147 页。

于国家治理的基础性和保障性作用。正是遵循这样的治党和治国思路,在改革开放不断推进和深入的实践进程中,邓小平同志始终强调制度治党的重要性,指出治理中国必须首先加强和完善党的领导,以党的坚强领导推动国家发展。这些战略考量为依规治党和依法治国奠定了思想基础。

2. 治党要有党内法规

严格党内法规是从严治党的基本要求,也是加强党的建设的必要途径。邓小平同志指出:"各级纪律检查委员会和组织部门的任务不只是处理案件,更重要的是维护党规党法,切实把我们的党风搞好。"① 只有严格党内法规,才能形成良好的政治生态,才能使从严治党有制度依托。为了更进一步完善党内法规,中共中央1980年发布了《关于党内政治生活的若干准则》,规范党内民主,净化党内政治生态;1979年11月,中共中央国务院发出《关于高级干部生活待遇的若干规定》,强调加强党员干部的作风建设。这些党内法规的确立成为加强党的建设的重要举措。此外,党内法规也是推动制度执行的重要保障。邓小平同志始终强调党内法规的有效执行问题,指出党内法规要有效、管用。纵览改革开放进程中历次党代会、党章以及颁布出台的诸多党内法规,纪律建设始终与执行党的路线方针政策相结合,通过党内法规建设才能保障政策的执行力度,形成科学执政的良好氛围。另外,针对党内存在的缺乏有效监督的突出问题,邓小平同志强调党内监督的重要性,要求发挥党内法规的监督规范作用,使党内法规不仅成为规范行动的准则,而且成为强有力的监督力量。从实践来看,通过党内法规改善党的领导,改革

---

① 《邓小平文选》第二卷,人民出版社1994年版,第147页。

和完善党的领导制度，这既是改革开放新时期健全党的民主集中制、健全党内政治生活的现实需要，也是严肃党内法规、提高党的建设科学化水平的重要途径。

3. 党章是最根本的党内法规

在党内法规建设问题上，邓小平同志尤其强调了党章的基础性地位和重要作用。党的十一届三中全会后，党内法规制度建设有了长足发展，党章的重要地位得到更进一步强调。邓小平同志提出："党章是最根本的党规党法。"① 这不仅指出了党内法规的重要性，而且把党章放到了最突出的位置，强调党章在其他党内法规制定中的基础性作用。同时，明确指出其他党内法规的制定需要依据党章的要求，并以党章为根本依据制定。党章作为最根本的党内法规，在党内具有最高的权威性和最大的约束力，为全党统一思想和行动提供了根本准则。邓小平同志结合改革开放以来党的建设实践，强调党章应与时俱进，适时作出修改。1987年10月，党的十三大通过的《中国共产党章程部分条文修正案》，制定了与党章配套的若干重要法规，体现了党章的修改和完善要求，为管党治党注入了新内涵，推动了党的制度化建设新进程。

4. 党内法规建设的本质是制度治党

党内法规建设的根本要义在于按照制度治党的要求加强党的建设。对制度问题的强调是邓小平同志总结社会主义建设经验和教训，尤其是对"文化大革命"时期教训的深刻反思。邓小平同志一针见血地指出，"制度好可以使坏人无法任意横行，制度不好可以使好人无法充分做好

---

① 《邓小平文选》第二卷，人民出版社1994年版，第147页。

事，甚至会走向反面"①。邓小平同志对党的建设突出贡献就是强调制度治党的重要性，而这一思想的最主要体现就是从党规党法的高度来强调和规范党的制度建设。邓小平同志深刻地指出："不是说个人没有责任，而是说领导制度、组织制度问题更带有根本性、全局性、稳定性和长期性。"② 基于中国特色社会主义发展的实践，强调从制度上建党是发展社会主义民主政治的重要保障，靠制度和纪律治党是从严治党的必然要求。通过制度规范约束党员干部的行为，严格按照制度办事，邓小平同志指出："我们过去发生的各种错误，固然与某些领导人的思想、作风有关，但是组织制度、工作制度方面的问题更重要。"③ 可见，制度建设对于实现党的良性运行起着根本性作用。党规党法建设本质上就是党的制度建设，这对一个政党的发展壮大获得持续的生命力而言起着根本性、全局性和长期性作用。邓小平同志强调了制度治党的重要性，并推动了以党内法规建设推进党内治理的实践。通过制度建设，保证党规党法的权威性、严肃性，尤其以法规形式将思想建党和制度治党有机结合起来，形成制度治党的根本载体和有效支撑。

（三）江泽民同志关于党内法规建设的思想

随着改革开放的深入推进，国际国内形势深刻变动，党的历史方位和历史任务也发生了重大变化，给党的建设带来了新的课题。以江泽民同志为核心的党的第三代中央领导集体阐明了推进党的建设伟大工程的总任务和总目标，提出了"三个代表"重要思想，探索形成了一系列

---

① 《邓小平文选》第二卷，人民出版社1994年版，第333页。
② 同上。
③ 同上。

加强党内法规建设的新思路和新举措,丰富了党的建设理论。

1. 强化党内法规的制度权威

20世纪90年代,党的建设作为改革开放新时期一项"新的伟大工程"加以推进。在此情况下,中共中央首次明确界定了"党内法规"概念,并将"党内法规"的表述正式写入党章。1990年7月,中国共产党历史上首个以"党内法规"命名的制度文件《中国共产党党内法规制定程序暂行条例》颁发,其中规定:"党内法规是党的中央组织、中央各部门、中央军委总政治部和各省、自治区、直辖市党委制定的用以规范党组织的工作、活动和党员的行为的党内各类规章制度的总称",强调"党章是最根本的党内法规,其他党内法规是党章有关规定的具体化。"[①] 在制度文件中首次界定了"党内法规"概念,并明确规定党内法规的适用范围和制定程序等。这一概念界定吸取了毛泽东、邓小平等同志关于党内法规的认识与理解,明确党内法规不仅用于规范全部党员的个体行为,还用于规范各级党组织的行为活动。《中国共产党党内法规制定程序暂行条例》规定了党内法规的制定原则、制定程序以及法规的使用范围等,是党内法规制度的依据,因此也被称为党内的"立法法"。在此,中国共产党把有关的党内纪律也纳入党内法规范畴,进一步明确了党章在党内法规中的根本性地位。1992年党的十四大审议通过的《中国共产党章程》规定,维护党章和其他党内法规是党的各级纪律检查委员会的主要任务,即维护党内法规和党章的权威,并把"党内法规"概念首次载入党章,在党内根本大法中确认了"党内法规",使党内法规具有了最高的"法定依据",这一规定在党内法

[①] 《中国共产党党内法规选编(1978—1996)》,法律出版社2009年版,第723页。

规建设史上具有里程碑意义。

2. 以党内法规严明党的纪律

严明的党内法规是严肃党纪的重要保障。2001年，在庆祝建党八十周年大会上的讲话中江泽民同志指出："各级党组织和每个党员都要严格按照党的章程和党内法规行事，严格遵守党的纪律。"① 党内法规成为党员的基本行为准则，成为管党治党的有效途径。同时，江泽民同志特别强调要发挥党内法规的监督规范作用，只有严格党内法规，严明党的纪律，才能保证党的政策路线得到更好地执行，党员干部的行为才能得到切实有效的监督，才能使党成为坚强的领导力量。在如何提升党内法规建设水平方面，江泽民同志提出党内法规建设要有针对性和时效性，"制度建设要从我们党的实际出发，促进党员干部政治素质的提高，促进党员干部密切联系群众，保障党员民主监督领导机关、领导干部的权力，发挥党内民主生活的防范监督功能"②。发挥党内法规的规范作用，保障严以用权，重点抓好对领导干部的监督，强化领导集体内部的监督作用。

3. 以严格的党内法规保障党的先进性

随着社会主义建设事业和党的建设事业的发展，党的队伍也不断发展壮大，这既给党的发展带来活力，也提出了新的挑战。形势发展提出新的问题，党的建设就需要进行有效回应。面临党员干部队伍的新情况，以江泽民同志为核心的党的第三代中央领导集体以改革创新的精神引领形势发展，指出中国共产党要发挥引领作用必须做到"三个代

---

① 江泽民：《论党的建设》，中央文献出版社2001年版，第100页。
② 江泽民：《论党的建设》，中央文献出版社2001年版，第207页。

表",即中国共产党始终代表中国先进生产力的发展要求、始终代表中国先进文化的前进方向、始终代表中国最广大人民的根本利益。"三个代表"重要思想的提出在党的建设历史上具有重大意义,对管党治党提出了更高的要求。关于如何加强党的建设,要求按照"治国必先治党,治党务必从严"的要求,以严格的党内法规保障党的先进性,引领党的建设伟大工程全面推进。2000年1月,在中纪委十五届四次全会讲话中,江泽民同志进一步指出:"党的性质、党在国家和社会生活中所处的地位、党肩负的历史使命,要求我们治国必先治党,治党务必从严。治党始终坚强有力,治国必会正确有效。"① 江泽民同志按照治国必先治党的思路,始终把党的建设放在重要的位置,始终把严格的党内法规作为从严治党的根本保障,以党内规章制度来保障党的先进性,巩固党的执政地位。除此之外,江泽民同志还强调党内法规建设随着实践的发展而与时俱进,"要根据新的实际,针对已暴露出来的问题,完善已有的制度,逐步建立新的制度。成熟一个颁布一个,逐步配套,为实施有效监督提供制度保证"②。这就要求坚持党内法规制度的完善和发展,把纪律作为治党管党的基本戒尺,用党纪保障党的先进性。

(四)胡锦涛同志关于党内法规建设的思想

在新的历史条件下,世情、国情和党情发生重大变化,新问题和新挑战使从严治党的历史任务变得更为紧迫。在此情形下,党的领导水平和执政水平就显得非常关键,如何进一步加强党的建设,完善党内法规

---

① 《十五大以来重要文献选编》中,人民出版社2011年版,第1105页。
② 江泽民:《论党的建设》,中央文献出版社2001年版,第208页。

制度体系建设，提高党的执政能力和驾驭复杂风险的能力，已经成为全党面临的一个重要课题。

1. 强化党内法规的制度化体系化建设

党内法规制度的完备程度是检验政党发展成熟与否，以及衡量党的执政水平的一个重要标志。2006年1月，在十六届中央纪委六次全会上，胡锦涛同志指出要"加强以党章为核心的党内法规制度体系建设"[①]。在新的历史阶段，这是我们党第一次提出建设党内法规制度体系建设的历史任务。从"体系"上加强党内法规建设是治党思想的新发展，更加注重党内法规制度的完备性和周延性。遵循体系化建设的思路，中共中央2009年出台了《中国共产党巡视工作条例（试行）》，2010年修订了《中国共产党党和国家机关基层组织工作条例》，对建立什么样的党内法规制度体系作出了更具体的要求，强调要构建内容协调、程序严密、配套完备、有效管用的制度体系。党内法规的体系化建设从多个方面和维度强调了建设重点及内容，要求形成相互配合协调、在实施程序上科学严密、在相关配套改革上环环相扣的制度体系。体系化的力量才能更好地发挥党内法规的整体效能，形成系统性合力。从而通过党内法规的体系化建设，不断提高党内法规制度的整体性、权威性和有效性。

2. 强调党内法规制度体系化建设与时俱进

以胡锦涛同志为主要代表的中国共产党人对推进党的建设新的伟大工程，提出了体系化建设与时俱进的要求。结合时代语境，从宏观战略层面对党内法规进行了系统性构建，强调从立、改、废的改革思路，转

---

① 《十六大以来重要文献选编》下，中央文献出版社2008年版，第181页。

变到同时强调党内法规的清理、废除，以此保持党内法规的活力和效力。随着科学发展观成为国家发展的指导性思想，要求把科学发展观贯彻到治国理政的各个方面。胡锦涛同志提出围绕科学发展的理念和思路，完善党内的法规制度体系，使这些制度体系适应社会主义市场经济发展的需要，为深化社会主义现代化建设事业服务。科学发展观成为推动国家治理的宏观战略性指导思想，要求各级党组织把推动科学发展作为党内监督的重要议题和内容，使党员领导干部在干事创业过程中牢固树立科学发展观和推动改革发展的科学政绩观。党的十六大以来，在体系化建设指导思想的推动下，围绕实现科学发展，一系列重要的法规得以制定，并在实践中继续完善，使党内法规建设进入一个新的阶段。

3. 党内法规体系建设的规范化和科学化

党内法规体系建设旨在通过系统化的构建，提高党的建设制度化水平，真正发挥好制度治党的功效。2009年9月，党的十七届四中全会提出了"不断提高党的建设科学化水平"这个重大命题和重大任务，为加强党内法规建设明确了目标。党内法规建设服务于党的建设总目标，即实现党的执政能力提升，提高党驾驭风险问题的能力。党内法规体系建设的规范化和科学化建设要求以党章为根本，形成相互配套、有序衔接的法律法规体系，使党内法规能够覆盖党内政治生活的各个方面，成为党内活动的基本行为准则。同时，处理好党规与国法之间的关系，党内法规的制定和实施不能与国家法律相矛盾，而是要有利于依法治国的有效实施，使党内法规与国家法律相辅相成。在新的历史时期，强化党内法规体系建设逐渐进入制度化、规范化、程序化轨道，为中国特色社会主义建设提供了重要的制度保障。

三、以习近平同志为核心的党中央对党内法规建设的再认识

党的十八大以来,以习近平同志为核心的党中央立足新时代,站在新起点,着眼于党的建设新的伟大工程的战略高度,对如何加强党内法规建设进行了系统性思考,形成了较为完备的党内法规建设思想体系。

(一)党内法规的制度设计

在全面从严治党背景下,中共中央坚持把党内法规制度建设作为加强党的制度建设的核心和基础工作,从顶层设计入手,进行统筹谋划和系统部署,出台了体现时代特点和任务要求的一系列主干性和引领性的党内法规,推动全面从严治党向纵深推进。

1. 新时代党的建设工程的战略需要

做好党内法规的顶层设计,是提高党内法规制度化发展的现实需要,也是新时代加强党的建设工程的战略需要。党内法规顶层设计在理念上坚持"完善党的纪律建设与发展中国特色社会主义相结合,把纪律建设摆在推进国家治理现代化的突出位置"[①]。在这一战略思想指导下,党内法规的顶层设计在实践中不断完善和发展,2014年召开的党的十八届四中全会明确把党内法规纳入中国特色社会主义法治体系中,

---

① 尤国珍:《百年经验与时代要求:党纪律建设的创新路径》,《中国特色社会主义研究》2020年第1期。

强调共同推进依法治国、依法执政、依法行政，三者统一起来有助于促进国家治理体系和治理能力现代化。2016年12月24日至25日，全国党内法规工作会议召开，统一部署党内法规建设工作，从顶层设计上进行系统谋划。在党内法规建设部署上，着眼于长期性和系统性规划，从顶层设计上相继出台了两个五年计划，即《中央党内法规制定工作五年规划纲要（2013—2017年）》《中央党内法规制定工作第二个五年规划（2018—2022年）》。两个五年规划从时间表、总任务、总路线等方面规定了党内法规建设的原则和重点，使建设目标更加清晰，方向更加清楚，具有前瞻性和战略性。党内法规建设的两个五年规划的出台具有重大指导性意义，从顶层设计上进一步聚焦党内法规制度建设的重点环节以及薄弱之处，立足长远，着眼大局，从系统性上加强制度建设宏观谋划，着力解决党内法规建设实践中的突出问题。新时代党内法规制度建设具有鲜明的问题意识和实践导向，为全面从严治党提供了重要保障。

2. 从系统性科学性角度强化党内法规的制度设计

党内法规建设注重从系统性角度进行科学的制度设计。党的十八大以来，中共中央确立了"到建党一百周年时全面建成内容科学、程序严密、配套完备、运行有效的党内法规制度体系"[1]的建设目标，并强调了"依据党内法规管党治党"[2]的全面从严治党战略规划。在新修订的《中国共产党党内法规制定条例》中，明确了党内法规的内涵和范畴："党内法规是党的中央组织以及中央纪律检查委员会、中央各部门

---

[1]《十八大以来重要文献选编》上，中央文献出版社2014年版，第478—479页。
[2]《十八大以来重要文献选编》中，中央文献出版社2014年版，第158页。

和省、自治区、直辖市党委制定的规范党组织的工作、活动和党员行为的党内规章制度的总称。党章是最根本的党内法规,是制定其他党内法规的基础和依据。"① 进一步厘清了党章与其他党内法规之间的关系,强调了党章在党内法规中的基础性作用,为党内法规具体条文的制定提供了依据。

从总体来看,党的十八大以来制定和修改了大量的党内法规,特别是新修订的党内监督条例对新时代党内监督进行了顶层设计,既有中央组织层面的全面监督,也有纪委的专责监督,还有职能部门的监督,从覆盖范围看,构成了从中央到地方再到基层组织的立体化监督体系。②为了使这些监督体系能够协同运转起来,还建立了相应的配套制度,除了党内监督条例,还包括巡视工作条例、廉洁自律准则等形成的相互配合、衔接有效的党内监督法规体系。可见,党内法规的制度设计更多地凸显了时代性、科学性和系统性,有利于党内法规制定的统一领导、协同推进。

(二) 党内法规的体系构建

党的十九大报告正式提出了新时代党的建设总要求和八个方面的重点任务,把党的制度建设提升到了新的战略高度,明确提出要"加快形成覆盖党的领导和党的建设各方面的党内法规制度体系"③,突出强调了党内法规制度体系建设对于管党、治党、兴党、强党的重大意义。

1. 党内法规体系建构的新时代内涵

党的十八大之后,中共中央对党内法规制度建设进行了统筹安排和

---

① 《中国共产党党内法规制定条例》,《人民日报》2013 年 5 月 28 日。
② 罗星:《新中国 70 年来党内监督理论与实践的发展》,《广西社会科学》2020 年第 3 期。
③ 《党的十九大报告辅导读本》,人民出版社 2017 年版,第 67 页。

整体布局，推进了党内法规制度建设的常态化，并逐步形成了比较完善的、涵盖党的各个方面的党内法规制度体系[①]。2017年6月，中共中央印发《关于加强党内法规制度建设的意见》，对党内法规制度体系作了新的调整，基于法规建设的系统化、科学化的考量，确立了"1+4"的基本框架体系。这个框架体系中规定了在党章之下由四大制度板块组成，分别是党的组织法规制度、党的领导法规制度、党的自身建设法规制度和党的监督保障法规制度。[②] 同时，提出到建党100周年时，党依据党内法规管党治党的能力和水平显著提高。

党内法规体系建设，不仅要注意量的问题，更要关注解决质的效力。2019年中共中央政治局会议修订的《中国共产党党内法规制定条例》中提出要"提高党内法规质量"的要求。党内法规建设的数量和质量并重表明我们对党内法规建设的规律性认识进一步深化。只有从根本上提高党内法规建设的质量问题，制度规则才能有效发挥作用，才能真正释放从严治党的效力。在国家治理体系和治理能力现代化背景下，针对新情况和新问题，习近平总书记进一步提出"以改革创新精神加快补齐党建方面的法规制度短板"[③]的建设要求。

2. 党内法规体系建设的基本要求

党内法规体系建设是一项系统工程，习近平总书记指出："我们要坚持以实践基础上的理论创新推动制度创新，坚持和完善现有制度，从实际出发，及时制定一些新的制度，构建系统完备、科学规范、运行有

[①] 陈柯：《全面从严治党视阈下党内法规制度建设研究》，《西北大学学报》（哲学社会科学版）2019年第1期。
[②] 《中共中央印发〈关于加强党内法规制度建设的意见〉》，《人民日报》2017年6月26日。
[③] 《坚持依法治国与制度治党、依规治党统筹推进、一体建设》，《人民日报》2016年12月26日。

效的制度体系。"① 这进一步阐明了加强党内法规制度建设的基本要求。

一是内容上"系统完备"。系统完备要求党内各项法规制度相互配合、有效衔接,并且在内容上能覆盖党内生活的各个方面和领域。但是,长期以来党内法规整体上存在碎片化、陈旧化等问题,甚至一些党内法规存在相互矛盾的问题,导致运行不畅,制度失效,严重影响党内法规制度功能发挥。针对当前党内法规建设存在的问题,中央一直强调必须将法规制度的笼子扎细扎密扎牢,做到前后衔接、左右联动、上下配套、系统集成,即要求做到新旧党规在内容上的前后衔接,不同领域党内法规之间功能上的相互补充,不同层级党内法规之间内容上的互构,实现内容"配套",最后形成党内法规的系统集成。中央要求加快解决党内法规同国家法律的衔接和协调问题,包括完善党内法规制度体制机制以及构建配套的党内法规体系,进一步对加强党内法规体系建设作出全面要求部署。这样全方位的体系建构,才能做到党内法规在内容上的系统完备,形成严密的制度体系。

二是结构上"科学规范"。在"系统完备"的基础上还要达到"科学规范",实现党内法规具体内容上的结构合理,相互衔接。党内法规需要有一定的可操作性,在流程设计上、权责关系上应该更加明确。习近平总书记特别强调了党内法规制定要在结构上逻辑合理、科学规范,他指出:"要围绕责任设计制度,围绕制度构建体系,强化上级党组织对下级党组织和党员、领导干部的监督,做到责任清晰、主体明确、制度管用、行之有效"。② 更进一步而言,结构科学规范就需要明

---

① 《习近平总书记关于加强党内法规制度建设重要论述摘录》,《中国纪检监察》2017年第19期。
② 习近平:《在第十八届中央纪律检查委员会第六次全体会议上的讲话》,《人民日报》2016年5月3日。

确责任主体,不能出现权责主体边界不明确不清晰的情况,做到各司其职、相互配合,把握党内法规建设的规律性,克服盲目性和随意性,彰显科学规范的要求。

三是实践中"运行有效"。制度的生命力在于执行,只有在实践中能有效运行的制度才是好的制度,才是有用的制度。党内法规的效力也只有在执行中才能体现出来。习近平总书记强调:"要建立健全相关制度,用制度管权管事管人。要突出重点,重在管用有效,全方位扎紧制度笼子,更多用制度治党、管权、治吏。"[1] 为了使制度运行有效,"既要注意体现党章的基本原则和精神,符合国家法律法规,也要同其他方面法规制度相衔接,使实体性法规制度和程序性法规制度、综合性规定和专门性规定、下位法规制度和上位法规制度相互协调、相辅相成,提升法规制度整体效应"[2]。可见,党内法规的有效运行以完备的法规体系为基础,以结构科学合理为条件,并且只有得到落实,才能真正达成运行有效。因此,习近平总书记强调,"要狠抓制度执行,扎牢制度篱笆,真正让铁规发力、让禁令生威"[3]。同时,他要求发挥制度的导向作用,明确提出"把制度执行情况纳入考核内容,推动干部严格按照制度履职尽责、善于运用制度谋事干事"[4],严格落实党内法规、提升制度执行力。

---

[1] 中共中央纪律检查委员会、中共中央文献研究室编:《习近平关于严明党的纪律和规矩论述摘编》,中央文献出版社、中国方正出版社2016年版,第59—60页。
[2] 中共中央纪律检查委员会、中共中央文献研究室编:《习近平关于严明党的纪律和规矩论述摘编》,中央文献出版社、中国方正出版社2016年版,第63页。
[3] 中共中央纪律检查委员会、中共中央文献研究室编:《习近平关于党风廉政建设和反腐败斗争论述摘编》,中央文献出版社、中国方正出版社2015年版,第127页。
[4] 《一以贯之全面从严治党强化对权力运行的制约和监督 为决胜全面建成小康社会决战脱贫攻坚提供坚强保障》,《人民日报》2020年1月14日。

总之，党内法规制度体系建设体现了共产党人对党内法规建设规律认识的不断深化，体现了对时代命题的深刻把握。在新的历史时期，党内法规建设应坚持实践导向和问题意识，并着眼于新的形势和任务要求，立足全局，把握重点，在体制机制上进一步完善。

（三）党内法规的功能效用

在中国特色社会主义法治体系中，中国共产党的党内法规有着不同于其他法治规范的特殊功能定位和价值取向。党内法规不仅是加强党的自身建设、提升执政能力的坚强保障，也是改善党的领导体制机制、优化国家治理结构，改进和创新社会治理机制的基本前提。

1. 推进全面从严治党的制度保障

在新的历史形势下，我们需要通过全面从严治党、提高党的执政水平来应对各种风险考验。习近平总书记深刻指出："全面从严治党，是我们党在新形势下进行具有许多新的历史特点的伟大斗争的根本保证。"[①] 全面从严治党向纵深推进关键还在于发挥制度治党的根本保障作用，落脚于依照党内法规治党。在十九届中央纪委二次全会上，习近平总书记总结提出"推进全面从严治党，既要解决思想问题，也要解决制度问题"[②]，充分体现了思想建党与制度治党的重要性，但根本还在于制度问题。推进全面从严治党，要求完善党内制度体系建设，做到言行有规范、用权有制约。习近平总书记指出："加强纪律建设是

---

① 中共中央文献研究室编：《习近平关于全面从严治党论述摘编》，中央文献出版社2016年版，第9页。
② 中共中央党史和文献研究院编：《十九大以来重要文献选编》上，中央文献出版社2019年版，第188页。

全面从严治党的治本之策。我们党是用革命理想和铁的纪律组织起来的马克思主义政党，组织严密、纪律严明是党的优良传统和政治优势，也是我们的力量所在。"① 组织体系是政党力量的重要来源，规章制度是党组织起来形成集中统一领导的重要保障。党内法规是管党治党的重要制度规范，全面从严治党就是要以严格的党内法规规范党的行动，营造良好政治风气，提高执政能力。完善党内法规是为了权力的科学行使，使权力的运行得到更好的监督与运用，真正服务于时代的发展，人民的需要，"让制度、纪律成为带电的'高压线'，使查出违纪违法问题制度化、经常化，使党员、干部心有所畏、言有所戒、行有所止"②。从这个意义上说，党内法规既是管党治党的重要依据，也是全面从严治党走向制度化、科学化的必然要求。

2. 推动国家治理现代化的重要依托

中国共产党的执政党地位，决定了其领导国家治理的重大历史使命。由此，党自身的法治化和科学化水平决定了国家治理现代化的实现程度。党的十八届四中全会通过的《中共中央关于全面推进依法治国若干重大问题的决定》（以下简称《决定》）明确指出："依法执政，既要求党依据宪法法律治国理政，也要求党依据党内法规管党治党"，"党内法规既是管党治党的重要依据，也是建设社会主义法治国家的有力保障"。进一步明确了加强党内法规的制度建设不仅是全面从严治党的战略要求，也是国家治理体系和治理能力现代化的重要保障。依规治

---

① 中共中央纪律检查委员会、中共中央文献研究室编：《习近平关于严明党的纪律和规矩论述摘编》，中央文献出版社、中国方正出版社2016年版，第9页。
② 中共中央文献研究室编：《十八大以来重要文献选编》中，中央文献出版社2016年版，第195页。

党才能更好地依法治国，这两者辩证统一于社会主义法治国家建设的过程中，相互支持、相互促进。新时代通过加强党内法规制度建设，为党的建设提供规范依据和制度保障，实现党自身治理的规范化和法治化，使各项工作有规可依、有法可循，为全面推进依法治国提供了制度支撑。

在建设社会主义法治国家的历史进程中，依规治党和依法治国两者既相联系，又有各自的职责功能。一方面，党内法规在规范各级党组织的公共管理行为、规范中国共产党各级领导干部的行为等方面发挥着重要作用；另一方面，依法治国是根据严格的法律规范治理国家，是国家治理层面的需求。依规治党和依法治国是相辅相成的关系，处理好党内法规建设与国家法治建设是并行不悖的，其协同推进有利于国家治理能力的整体提升。党的十八届四中全会通过的《决定》明确指出，中国特色社会主义法治体系的重点放在"完备的法律规范体系"与"完善的党内法规体系"方面，建设中要发挥两者的合力作用，形成相互衔接、相互支撑的结构体系。这在宏观战略层面把党内法规体系建设与国家法治相统一，对于社会主义法治国家建设具有重大意义。

3. 改善党的领导的重要途径

党内法规是规范政党行为、改善党的领导体制机制的必要途径。党内法规是马克思主义政党加强自身建设，用党的纪律和规矩约束党的组织和党员，规范党组织活动和党员干部行为，维护党的肌体健康，保持无产阶级性质的内在要求，也是政党发展成熟与否的重要标志。用制度管党治党，提高政党治理的制度化水平，才能从根本上改善党的领导，使党的领导建立在科学的制度之上。党的十八大以来，中央更是将党内法规建设作为廉洁治理的重要内容，提出"党内法规既是管党治党的重要依据，也是建设社会主义法治国家的有力保障"①，并不断推进反腐倡廉党内法规建设走向深入。党内法规制度建设是全面从严治党的治本之策，制度治党需要落实到依靠党内法规治党，通过严格的纪律规范党员干部的行为，提升依法行政的能力和水平。在复杂的社会治理背景下，通过加强党内法规建设，以此强化党员领导干部的法治思维和法治意识。坚持以党内法规规范各级党委和党组织进行公共管理的行为，有助于改善党的领导体制机制，实现善政。

（四）党内法规的立改废释

党内法规制度体系的形成并不会一劳永逸，需要在新的实践中不断修改完善，紧跟时代的发展，才能保持与时俱进而获得持久的效力。这就要求根据形势的发展，形成党内法规立改废释并举的革新思路，从而确保制度建设的科学性、时代性。习近平总书记强调："健全完善制度，以党章为根本遵循，本着于法周延、于事有效的原则，制定新的法规制度，完善已有的法规制度，废止不适应的法规制度，健全党内规则体系，扎紧党纪党规的笼子。"② 坚持立改废释并举既是新时代党内法规建设的必然要求，也是党内法规保持生命力和活力的重要保障。

1. 以"立"完善党内法规，实现制度创新

在新时代背景下，随着中国共产党执政环境的变化，原有的党内法

---

① 中共中央文献研究室编：《十八大以来重要文献选编》中，中央文献出版社2016年版，第178页。
② 习近平：《在第十八届中央纪律检查委员会第六次全体会议上的讲话》，人民出版社2016年版，第18页。

规不足以应对党内外面临的新问题。为了适应新形势、新任务、新要求，不断推进党内法规建设与时俱进，党从实现党内法规的系统性、科学性上制定了一系列新的党内法规。这些党内法规既有宏观层面的制定，也有微观层面的纪律条例的完善。① 具体而言，一方面，在宏观制度层面对党内法规的制定进行了总体谋划。《中国共产党党内法规制定条例》的出台为新时代党内法规建设提供了总依据，为制定具体的党内法规提供了遵循；另一方面，在微观层面对具体问题进行有效回应。《中国共产党党组工作条例（试行）》《中国共产党纪律检查机关监督执纪工作规则（试行）》等新的党内法规出台，就是适应时代需求和特点的法规，具有很强的针对性。党内法规的制定必须与时俱进，根据实践需求而立，补充新内涵，要针对新领域、新情况制定和完善党内法规，适时根据治党需要和依法治国要求出台新的党内法规，为依规治党提供制度支撑。

2. 以"改"修订调整完善，推进与时俱进

适时对不符合时代要求的党内法规条款进行修改完善是依规治党的必然要求。2015年10月8日，习近平总书记在审议修订党内法规时明确指出："新修订的《中国共产党廉洁自律准则》和《中国共产党纪律处分条例》，把这些从严治党的实践成果总结提炼出来，转化为道德和纪律要求，应该说是实现了党内法规建设的与时俱进。"② 党内法规之所以管用有效，就在于规则的制定来源于实践，又回归现实指导实践，

---

① 王高贺：《立改废释并举：新时代党内法规建设的重要思路》，《中国社会科学报》2018年11月14日。
② 中共中央纪律检查委员会、中共中央文献研究室编：《习近平关于严明党的纪律和规矩论述摘编》，中央文献出版社、中国方正出版社2016年版，第67页。

并保持与时俱进的品格。针对党内法规的总体情况，习近平总书记强调指出："对已有相关制度进行梳理，经实践检验行之有效、群众认可的，要予以重申，继续坚持、抓好落实，严肃纪律，形成刚性约束；不适应新形势新任务要求的，该修改完善的就修改完善，该废止的就废止，该制定新的就制定新的。"① 这意味着党内法规建设坚持实践检验标准，在实践中被证明行之有效的党内法规，我们就必须坚持；反之，落后于时代发展的就应修改完善、清理废止，从而实现党内法规制度建设与时代发展同频共振。在修订的基础上进一步扩大了党内法规的覆盖范围，如新修订的《中国共产党廉洁自律准则》扩大了使用范围，修订之前主要是针对党员领导干部，之后扩大到对全体党员的要求。新时代修订党内法规强调责任要更加清晰、主体指向更加明确，真正实现制度管用、行之有效。

3. 以"废"清理更新，不断提高党内法规的生命力

随着党面临形势的变化，党内法规的一部分内容严重滞后于新的实践需要，其适用性效能递减，需要制定党内法规的常态清理机制，对不适应时代要求的党内法规及时清理废止。党内法规的废止和清理既包括党内法规在实施过程中进行的与时俱进的修正工作机制，还包括在现行集中清理基础上建立一种健全的常态化的党内法规清理机制。这对党内法规废止清理具有重大的现实意义。一方面，增强了党内法规的有效性。一些不符合时代要求和发展的党内法规被废止，使现行的党内法规体系更具有操作性、针对性，增强了法规的效力；另一方面，增强了党

---

① 中共中央纪律检查委员会、中共中央文献研究室编：《习近平关于党风廉政建设和反腐败斗争论述摘编》，中央文献出版社、中国方正出版社2015年版，第125页。

内法规的权威性和生命力。对不适应治党需求的党内法规进行常态化的清理，废止一些没有效力的法规，完成党内法规的"吐故纳新"，使其保持活力和紧跟时代发展的生命力，实现党内法规的有效运行。在体制机制上，一是建立完善党内法规的修正机制，改进集中修正方式，建立党内法规的定期清理、专项清理等具体工作机制。二是根据党内法规的实施情况和实际运行效果，从依法评估、合理评估、科学评估、民主评估等维度探索完善党内法规的实施评估机制。[①] 因此，这就要求我们特别关注其常态清理和实施评估等保障机制的建立健全，实现对不适应实践要求的党内法规及时废止，使党内法规保持生命力和活力。

4. 以"释"明确补充，增强党内法规的适用性

党内法规的有效运用还需要加大解释力度，推动法规全面准确理解和适用，遵循原则性与灵活性的统一。党内法规解释是为了提高规则的适用性而提出的，是党内法规的有机组成部分，对增强法规的效能具有重要意义。[②] 然而在实践中依然存在一些对党内法规的解释不足、解释程序不规范等问题，影响了党内法规的有效施行。从问题出发，新时代我们党高度重视党内法规的解释工作，强调党内法规解释工作具有科学性和严肃性，在效力上与党内法规等同，这一规定在《中国共产党党内法规制定条例》中得到进一步明确。党的十八届四中全会就党内法规建设问题提出要加大党内法规的解释力，以增进党内法规的针对性和适用性。

---

① 郭世杰：《党内法规的常态清理与实施评估》，《学习论坛》2020 年第 7 期。
② 王高贺：《立改废释并举：新时代党内法规建设的重要思路》，《中国社会科学报》2018 年 11 月 14 日。

综上观之，一部中国共产党的历史就是一部党内法规形成与发展的历史，一部紧紧围绕政治大局和中心工作重视制度建设、善于运用党内法规推动从严治党的历史，这是中国共产党取得革命、建设和改革成功的基本经验。通过总结中国共产党人百年党内法规制度建设的过程，我们可以得到以下认识：中国共产党的党内法规建设始终以无产阶级政党的性质为根本要求，从维护党的集中统一领导出发，坚持依规治党不断推进体制机制建设，为党的事业走向成功奠定了基础。

党内法规制度建设的历史，就是不断回应和解答时代课题，从实践中建立制度、完善制度和发展制度的过程。中国共产党人始终牢记责任和使命，坚持问题意识和实践导向，根据党的建设与国家建设发展需要，在不同时期开展党内法规建设，并使其朝着制度化、体系化方向不断发展。"坚持和加强党的全面领导，坚持党要管党、全面从严治党"[1]，中国共产党的领导地位决定了加强党内法规建设，通过制度治党提升党的执政能力的现实要求[2]。中国共产党的党内法规制度建设是一项系统性工程，具有立体性和全面性，"从观念、认知、实践等维度，以及方式与方法、组织力量与资源等方面，深刻地影响着党的建设制度改革的方向、广度与深度"[3]。党内法规制度建设为实现党的集中统一领导，推动全面从严治党向纵深发展，推动党领导下的依法治国奠定了制度基础。通过长期的建设实践，我们党在艰辛的探索中，党内法规制度建设取得了重大成就。2021年7月1日，在庆祝中国共产党成立100周年大会上习近平总书记宣布，我们党已经"形成比较完善的党内

---

[1]《中国共产党党内法规制定条例》，《人民日报》2019年9月16日。
[2] 刘长秋：《建党百年中国共产党党内法规制度建设》，《探索》2020年第5期。
[3] 陈家刚：《中国共产党党内法规制度建设的百年历程及基本经验》，《同济大学学报》（社会科学版）2021年第3期。

法规体系"。取得这样的制度建设成就来之不易,我们应运用好这一成果,继往开来。站在新的历史起点上,党内法规建设需要立足于全面从严治党的需要,服务于依法治国的战略全局,进一步推动国家治理体系和治理能力现代化。

第二章

有序推进各位阶党内法规制度建设

党内法规体现中国共产党的性质、宗旨、奋斗目标和纪律。从建党伊始，中国共产党就高度重视党内法规建设，在不同时期依据政治路线和形势不断有序推进各位阶党内法规建设。

一、与时俱进修改完善党章①

党章是党内法规的根本大法和管党治党的根本遵循，包括党的纲领、党的政治路线、党的组织和党的纪律等重要内容。

（一）建党初期的党章体系

中国共产党按照马克思列宁主义原则建党，作为共产国际支部，其性质、纲领、政治路线在建党之初具有浓厚的共产国际色彩。从一大党纲到六大党章，在共产国际的直接指导下，中国共产党初步构建起了党章体系，党的政治纲领、党的纪律、民主集中制等各项制度逐步开始构建起来，是中国共产党党章体系构建的开端。

1. 具有临时党章特点的《中国共产党第一个纲领》

1921年7月在上海召开的中国共产党第一次全国代表大会，讨论和通过了《中国共产党第一个纲领》。这是党的历史上关于党的建设的第一个马克思主义的文献。一大党纲共十五条，规定了党的名称、性质和纲领，提出了党的最终奋斗目标。一大党纲宣布"我们的党定名为'中国共产党'"；规定了党的纲领是"以无产阶级革命军队推翻资产阶级，由劳动阶级重建国家，直至消灭阶级差别；采用无产阶级专政，以达到阶级斗争的目的——消灭阶级；废除资本私有制，没收一切生产资料，如机器、土地、厂房、半成品等，归社会所有；联合

---

① 此部分内容参考《党章历次修订概览》，共产党员网。

第三国际"①。一大党纲也对党的组织章程、组织原则、组织机构和发展党员作了明确的规定。

中国共产党成立伊始就特别注重党的纪律建设，这也是由不成熟逐步走向初步成熟的阶段。一大党纲把党内监督作为党的建设体系的重要内容，规定"各地在党员增加的情况下，应根据职业的不同，利用工人、农民、士兵和学生组织，在党外进行活动。这些组织必须受党的地方执行委员会指导"，"地方委员会的财政、出版和政策都应受中央执行委员会的监督和指导"。②

2. 二大党章到六大党章的沿革与变迁

二大党章是中国共产党第一部比较完整的章程，共六章，二十九条。第一次明确提出了彻底地反对帝国主义、反对封建主义的民主革命纲领，即党的最低纲领；第一次详尽地规定了党员条件和入党手续，对党的组织原则、组织机构、党的纪律和制度，也都作了具体的规定。三大党章共六章，三十条。它和二大党章相比较，基本是二大党章原来的结构和内容，只是对个别条文作了改动。如在关于党员入党手续方面，第一次规定了新党员候补期（劳动者三个月，非劳动者六个月），并分别规定了候补党员和正式党员的权利和义务。四大党章规定"凡有党员三人以上均得成立一支部"，在党的历史上第一次将党的支部规定为党的基层单位。同时，规定从党的四大开始对中央委员会委员长的职务改称为"总书记"，对地方各级党的执行委员会的委员长职务改称为

---

① 中国社会科学院现代研究室、中国革命博物馆党史研究室编：《"一大"前后——中国共产党第一次代表大会前后资料选编》（一），人民出版社1985年版，第9页。
② 中国社会科学院现代研究室、中国革命博物馆党史研究室编：《"一大"前后——中国共产党第一次代表大会前后资料选编》（一），人民出版社1985年版，第10页。

"书记"。五大党章共有十二章,八十五条,对四大党章作了许多新的补充和修正,特别是在党的组织系统方面,作出了更加详尽系统的规定。其中,第一次明确规定"党部的指导原则为民主集中制"。这是在我们党的根本法规中,第一次出现"民主集中制"的提法。同时,第一次规定入党者的年龄必须在18岁以上;第一次把党与青年团的关系列入党章,并规定"青年团中央,应派代表出席党的中央政治局会议,各级团部亦应派代表参加各级党部机关之常务委员会议,此等团部之出席代表应有表决权"。五大党章在"党的中央机关"一章中,明文规定中央委员会除了选举正式中央委员一人为总书记,还要选举"中央正式委员若干人组织中央政治局指导全国一切政治工作",体现了加强集体领导的精神。六大党章共十五章,五十三条。六大党章基本保持了五大党章的基本内容,仅在结构上作了一些调整。六大党章较以前几部党章,更加突出地强调了共产国际的领导。在第一章规定"中国共产党为共产国际之一部分,命名为'中国共产党',为共产国际支部";在第二章规定"凡承认共产国际和本党党纲及党章,加入党的组织之一,在其中积极工作,服从共产国际和本党一切决议案且经常缴纳党费者,均得为本党党员",这是按照列宁建党思想对党员资格作了更为完整的表述。在关于执行党的民主集中制的组织原则方面,规定党员及地方组织要无条件地执行"共产国际代表大会或本党代表大会,或党内指导机关所提出的某种决议",并规定党的全国代表大会要在"得共产国际同意后召集之"。

从二大党章到六大党章,党的纪律和党内监督规定也逐步完善。二大党章在第四章专门就"纪律"进行规定,共九条900余字。党的五大党章强调"严格党的纪律是全体党员及全体党部最初的最重要的义务"。六大党章在第十二章"党的纪律"一章中强调"严格的遵守党的纪律为所有党员及各级党部之最高责任"。五大党章规定党内专设"监察委员会"。党的六大规定了民主集中制根本原则,民主集中制作为党的根本组织制度确立起来。

(二)七大党章体系

七大党章体系主要包括七大党章和八大党章。七大党章是新民主主义革命时期最好的一部党章。确定了毛泽东思想为全党的指导思想,把马克思列宁主义与中国具体革命实践相结合,逐步摆脱了共产国际对中国共产党的干预,从政治纲领、政治路线、中国共产党的性质和代表对象等方面更加符合中国革命实际,并在党的政治原则、党内关系、民主集中制等方面更加成熟。八大党章继承和发展了七大党章的原则和精神,是中国共产党由革命党转变为执政党以后在继承和发扬七大党章的原则和基础上制定的第一部党章。

七大党章是我党独立自主制定的第一部党章,共有十一章,七十条。它的主要特点是:第一,在党章发展史上第一次增加了党章的总纲部分。总纲是党的最基本的政治纲领和组织纲领,是党章的前提和总则,是每一名党员"一切活动的准则"。总纲总结了党成立24年来的斗争经验,以简洁的文字阐明了党的性质与理论,中国革命的性质、动力、任务和特点,党领导中国革命的基本方针和必须具备的条件。第二,确定了毛泽东思想为全党的指导思想。第三,特别强调了党的群众路线。第四,更加完善了党的民主集中制原则,对扩大党内民主和实行集中统一领导作了详细的规定。

八大党章是中国共产党成为执政党以后制定的第一部党章。八大党章根据执政党的特点，提出了全面开展社会主义建设的任务。总纲规定："中国共产党的任务，就是有计划地发展国民经济，尽可能迅速地实现国家工业化，有系统、有步骤地进行国民经济的技术改造，使中国具有强大的现代化的工业、现代化的农业、现代化的交通运输业和现代化的国防。"八大党章对贯彻党的民主集中制的根本原则作出了许多新规定。针对党处于执政党地位的情况，强调"必须不断地发扬党的工作中的群众路线的传统"。此外，八大党章对党的组织机构也作了一些新的规定。例如，中央委员会除选举中央政治局以外，还选举中央政治局的常务委员会；党的监察委员会增加了要积极检查党员遵守党的章程、党的纪律、共产主义道德和国家法规、法令的状况；明确共产主义青年团是党的助手，在党的领导下进行工作；等等。八大党章还首次把"各尽所能，按劳取酬"的分配原则写进党章。

关于党的纪律建设新变化，七大党章把纪律作为党的组织基础写入总纲，增设"奖励与处分"一章，重新规定了监察机关的设置并明确了其与各级党委的关系。作为第一部执政条件下的党章，八大党章强调民主集中制与纪律建设的关系，特别强调党内民主、党内平等。

在党内监督方面，七大党章确立民主集中制原则、批评与自我批评的方法，并明确党员的监督权利，重新规定党的监察体制。八大党章建立了自上而下和自下而上的监督体系，进一步明确党内监督机关的机构设置和职能。

（三）十二大党章体系

因九大党章、十大党章、十一大党章背离了党的正确纲领，在思想上、政治上和组织上的"左"倾错误方针严重影响了党的发展，在此不进行详细阐述。

从十二大党章到十九大党章共同构成了十二大党章体系。在党的十九大上以习近平同志为核心的党中央审时度势，根据十九大精神重新修正了党章，提出了诸多新思想、新观念、新战略、新部署，是十二大党章体系在中国特色社会主义新时代与时俱进的最新成果。

十二大党章吸取了历届党章正反两方面的经验和教训，是在七大、八大党章的基础上发展、提高而写成的，也是吸取了九大、十大党章的教训并彻底清除了十一大党章中存在的"左"倾错误而写成的，是新中国成立以来具有里程碑意义的党章。十二大党章的重要特点是：第一，有一个比八大党章更为充实完整的总纲。总纲对党的性质和党的指导思想，对科学社会主义的理论和实践，对社会主义制度的优越性，对中国现阶段社会主要矛盾和党的总任务，对加强党的建设基本要求，对党在国家生活中如何正确发挥作用，都作了马克思主义的规定。对毛泽东思想，十二大党章在《关于建国以来党的若干历史问题的决议》的基础上，作了比七大党章更科学的表述。第二，十二大党章对全体党员、党的干部提出比过去历次党章更加严格的要求。十二大党章规定，共产党员必须是"中国工人阶级的有共产主义觉悟的先锋战士"，要求党员"永远是劳动人民的普通一员"，党的干部"是人民的公仆"等。第三，对党的民主集中制作了比较充分、比较具体的规定。同时，吸取了历史教训，明确规定"党禁止任何形式的个人崇拜"，"凡属重大问题都要由党的委员会民主讨论，作出决定"，"不允许任何领导人实行个人专断和把个人凌驾于组织之上"。第四，新党章对党的中央和地方组织体制作了重要的改变和新的规定，规定党的全国代表大会在选举中央委员会时，还要选举中央顾问委员会和中央纪律检查委员会。党中央只设总书记，不再设主席和副主席，"总书记必须从中央政治局常务委员会委员中产生"。第五，对加强和改善执政党的领导也作了一系列具体的规定。另外，十二大党章首次将入党誓词载入党章。十三大党章对十二大党章部分条文的内容作了修正。十四大党章突出了建设有中国特色社会主义的理论和党的基本路线，并将其贯穿党章全文。十五大党章明确把邓小平理论确立为党的指导思想。党章总纲规定："中国共产党以马克思列宁主义、毛泽东思想、邓小平理论作为自己的行动指南。"十六大党章突出了"三个代表"重要思想对新形势下党的工作和党的建设的指导作用，坚持了与时俱进和改革创新的精神。十七大党章将科学发展观、中国特色社会主义道路和中国特色社会主义理论体系等马克思主义中国化的最新成果新增入党章。十八大党章把科学发展观作为党的指导思想写入党章。十九大党章进行了重大修改，把习近平新时代中国特色社会主义思想作为党的指导思想，把新时代全面从严治党作为新时代党的建设的鲜明主题，明确了新时代党的建设总要求，提出以党的政治建设为统领，把党的政治建设摆在首位这一新的党的建设理论成果。

关于党的纪律建设，十二大党章第一次明确了党的纪律检查机关的三项主要任务：维护党的章程和其他重要规章制度，协助党的委员会整顿党风，检查党的路线、方针、政策和决议的执行情况。十五大党章则作了局部修改：把"其他重要的规章制度"精准确定为"其他党内法规"，把"整顿党风"改为"加强党风建设"。十六大党章规定党的纪律检查机关有三项主要任务：维护党的章程和其他党内法规，检查党的路线、方针、政策和决议的执行情况，协助党的委员会加强党风建设和组织协调反腐败工作。党的十八大以来，以习近平同志为核心的党中央针对新的党情，作出全面从严治党的战略部署，突出党的政治建设纪律作为全面从严治党的治本之策，明确党的政治纪律的核心内涵是维护党中央权威和维护党中央集中统一领导，强调党的政治纪律和政治规矩都是不可碰触的红线，党的工作纪律、廉洁纪律、生活纪律、组织纪律归根结底都是党的政治纪律，提出法纪分开、党纪严于国法的思想。十九大党章规定以党的政治建设为统领，全面推进党的政治建设、思想建设、组织建设、作风建设、纪律建设。十九大党章还强化上级纪委对下级纪委的领导和纪委对同级党委的监督，深化巡视巡察制度改革，强化党委主体责任、纪委专责制度体系和问责制度体系，强化党的政治纪律执行力。

关于党内监督，十二大党章进一步强化民主集中制原则，规定"党内充分发扬民主，在民主的基础上实行高度的集中，加强组织性纪律性，保证全党行动的一致"，明确全体党员必须接受监督，特别规定对党的领导人的监督，规范了纪委的主要任务和经常性工作。十六大党章、十七大党章首次提出完善党内监督制度，规定中央政治局、地方党委常委会要接受党代会的监督。十七大党章规定"中央政治局向中央委员会全体会议报告工作、接受监督，党的地方各级委员会的常务委员会定期向委员会全体会议报告工作，接受监督"，并把巡视制度写入党章。十八大党章对加强党内监督有了新概括：一是提出注重发扬党内民主。总纲增写了"必须充分发扬党内民主，尊重党员主体地位，保障党员民主权利，发挥各级党组织和广大党员的积极性创造性"，以推动党内民主建设，为强化党内监督创造条件。二是抓住"关键少数"。总纲中规定"加强对党的领导机关和党员领导干部特别是主要领导干部的监督"，探索解决一把手监督难题。三是增写了有关干部选拔监督的内容。规定"党重视教育、培训、选拔和监督干部",推进党内监督向关键领域聚焦。十九大党章吸收十八大以来党内监督新经验、新做法,提出加强党内监督是全体党员的共同任务,加强党内巡视巡察监督,加强自上而下的监督,改进自下而上的监督,加强普通党员民主监督,完善党内监督和群众监督一体化制度体系建设,以问责制度体系强化党内监督,解决不敢监督、不愿监督、不能监督的难题。

二、积极稳妥制定准则和条例

(一)准则的制定与发展

准则在党内法规中的位阶仅次于党章,在党内法规体系中具有重要地位。中国共产党高度重视准则在管党治党中的运用,对于规范党内关系和保持党的先进性具有重要作用。

1. 党内政治生活若干准则

规范和严肃党内政治生活是中国共产党的优良传统和政治优势,是使中国共产党由幼稚走向成熟、由弱小走向强大的根本保证。1929年12月,毛泽东同志在《古田会议决议》中明确提出"教育党员使党员的思想和党内的生活都政治化、科学化"①。这里的党内政治生活政治化是指党运用马克思主义方法分析政治形势、评估阶级力量,注重调查研究,避免空想和盲动。党内批评要有政治意识,避免主观武断。

---

① 《毛泽东著作选读》上册,人民出版社1986年版,第33页。

毛泽东同志关于党内政治生活政治化的表述蕴含了党内政治生活若干规范的思想雏形。规范党内政治生活的基本原则和党内关系，是在延安时期形成并成熟的。1938年10月，毛泽东同志在党的六届六中全会中又提出"党内生活民主化"的论述。党内生活民主化是指有效地实行民主集中制原则。但在"文化大革命"期间，党内平等、党内民主原则遭到严重破坏，个人崇拜严重盛行，派性严重，违背党的同志关系原则，搞打击报复、残酷斗争，使党遭到严重损失。"文化大革命"结束后，为了全面恢复和进一步发扬党的优良传统和作风，健全党的民主生活，维护党的集中统一，增强党的团结，巩固党的组织和纪律，提高党的战斗力，党中央根据当时党内的状况，于1980年党的十一届五中全会通过了《关于党内政治生活的若干准则》（以下简称《准则》）。这是我们党内第一部关于党内政治生活的准则，并在党内法规中第一次提出了"党内政治生活"这一概念。

《准则》主要是针对"文化大革命"刚结束不久这一特定时代背景下特定时代问题而制定的。主要分为十二条：（1）坚持党的政治路线和思想路线；（2）坚持集体领导，反对个人专断；（3）维护党的集中统一，严格遵守党的纪律；（4）坚持党性，根绝派性；（5）要讲真话，言行一致；（6）发扬党内民主，正确对待不同意见；（7）保障党员的权利不受侵犯；（8）选举要充分体现选举人的意志；（9）同错误倾向和坏人坏事作斗争；（10）正确对待犯错误的同志；（11）接受党和群众的监督，不准搞特权；（12）努力学习，做到又红又专。这十二条，紧紧围绕坚持党的正确的思想路线、政治路线展开，在组织制度上紧扣坚持党的集体领导，反对个人专断，严格遵守党的纪律、坚持党性、坚决根绝派性，充分发扬党内民主、尊重党员民主权利展开。在党内关系上，坚决杜绝打击报复，要求按照批评和自我批评的方式进行。

1980年《准则》出台时，中央要求在贯彻执行《准则》过程中，在全党进行坚持党的政治路线和思想路线、加强党的团结和统一、加强党的民主集中制和组织性纪律性的思想政治教育，并要求党的各级组织和每一名党员，都要对照《准则》的规定认真检查自己的工作和作风，发扬成绩，克服缺点；凡是违背《准则》规定的，必须及时地、切实地纠正过来，个别党组织和某些党员的无组织无纪律、继续闹派性和各行其是的现象必须彻底改变；任何党员如果有违反《准则》的行为，要进行批评教育，情节严重的必须给予党纪处分，直至开除党籍。可以说，《准则》的贯彻实施，使党重新焕发了生机和活力，社会主义事业迎来了崭新的时期。

2. 中国共产党廉洁自律准则

随着市场经济的深入发展，党员干部权钱交易、以权谋私现象突出。1997年中共中央印发了《中国共产党党员领导干部廉洁从政若干准则（试行）》（以下简称《廉政准则》）。《廉政准则》针对党员领导干部从政行为规定了31个"不准"。2010年修订的《廉政准则》，包括三章，十八条。第一章为"廉洁从政行为规范"，共八条，即"8个禁止""52个不准"；第二章为"实施与监督"，共六条，强调了各级党委的责任；第三章"附则"，共四条，包含了准则的适用对象、适用时间以及相关解释。党的十八大以来，以习近平同志为核心的党中央提出全面从严治党战略布局，对党员干部的廉洁自律要求更高。从2011年到2015年全国纪检监察机关查处的案件情况来看，这五年时间内，查处的案件数量呈逐年递增趋势，特别是2013年以后这种递增趋势尤为显著。这逐年递增的数字时刻在警醒着我们：当前腐败现象严重，党风廉政建设迫在眉睫，苍蝇和老虎要一起打。在全面从严治党新的实践形势下，旧的《廉政准则》已不能完全适应需要，因此修订《廉政准则》具有现实紧迫性。旧版《廉政准则》存在的主要问题有三个方面：第一，适用对象范围窄，只包括党员领导干部，忽视了其他非领导干部的普通党员；第二，"负面清单"多，"正面清单"少；第三，有些内容偏离了"廉洁"主题，内容杂乱，主题不够突出。为贯彻党的先进性、纯洁性的政治要求，基于党纪国法分开、党纪严于国法的思路，2015年对准则又进行了全面修订。新修订的《中国共产党廉洁自律准则》，全文仅仅309个字，言简意赅。其内容主要包括适用于全体党员的4条廉洁自律规范，以及4条党员领导干部需要遵守的规范，重点突出在对全体党员廉洁自律的要求上。

《中国共产党廉洁自律准则》的修订集中体现在四个方面：一是名称改了，由《中国共产党党员领导干部廉洁从政若干准则》改为《中国共产党廉洁自律准则》；二是适用对象从"党员领导干部"扩大到"全体党员"；三是对党员领导干部廉洁自律的规范，从"廉洁从政"一个方面扩展到"廉洁从政""廉洁用权""廉洁修身""廉洁齐家"四个方面；四是内容精简了，把《廉政准则》中的"8个禁止""52个不准"，修改为"4个必须"和"8条规范"，将禁止性的负面清单改为倡导性的廉洁规范，让人一目了然，易记易行。

新修订的《中国共产党廉洁自律准则》是科学的、合理的，它不仅建立在过去的历史经验基础之上，而且基于现实形势，把全面从严治党的实践成果转化为党的纪律和理想道德要求，充分展现了中国共产党人的高尚理想道德追求，广大党员及党员领导干部务必在认真领会其精神实质的同时，密切联系现实生活，并付诸实践当中。同时，就制定的内容和发挥的作用来看,《中国共产党廉洁自律准则》不仅是对党内法规的完善,也是党内法规建设走向制度化的具体表现,有利于推进党的建设制度化、程序化、规范化、科学化。可以说,新修订的《中国共产党廉洁自律准则》是党内法规建设制度化的必然选择,充分体现了理论与实践的结合,使法规制度的力量在正党风、反腐败的伟大实践中得以充分释放。

3. 关于新形势下党内政治生活的若干准则

随着时代演进,党内政治生活也必须不断守正创新,解决时代变化给党内带来的新矛盾、新问题。制定《关于新形势下党内政治生活的若干准则》(以下简称《党内政治生活准则》),主要出于以下三个方面的考虑:一是为完善"四个全面"战略布局进行的一个整体设计。协调推进"四个全面"战略布局,是党的十八大以来党中央从实现"两个一百年"奋斗目标、实现中华民族伟大复兴中国梦的战略高度,统筹国内国际两个大局,把握我国发展新特征确定的治国理政新方略,是新时代条件下推进改革开放和社会主义现代化建设、坚持和发展中国特色社会主义的战略抉择。协调推进"四个全面"战略布局,需要全面从严治党,坚持党的领导,把握正确的政治方向,提供坚强的政治保障。二是为全面从严治党进行的一项重要安排。全面从严治党是党的十八大以来党中央抓党的建设的鲜明主题。办好中国的事情,关键在党,关键在坚持党要管党,全面从严治党。新的历史条件下,我们进行具有许多新的历史特点的伟大斗争、推进中国特色社会主义伟大事业,就必须以更大力度推进党的建设新的伟大工程,坚定不移推进全面从严治党,确保党始终成为中国特色社会主义事业的坚强领导核心。三是解决党内存在突出矛盾和问题的迫切需要。在长期实践中,党内政治生活状况总体是好的，但一个时期以来，也出现了一些亟待解决的突出矛盾和问题，严重侵蚀党的思想道德基础，严重破坏党的团结和集中统一，严重损害党内政治生态和党的形象，严重影响党和人民事业的发展。

《党内政治生活准则》的序言，也是总论部分，指出了新形势下党内政治生活存在的突出问题、新形势下加强和规范党内政治生活的重要性和紧迫性，然后提出加强和规范党内政治生活的目标要求。关于新形势下党内政治生活出现的突出问题，通过列举的方式指出，如理想信念不坚定、纪律松弛、脱离群众、山头主义等。归纳起来，这些问题最核心的本质性问题是政治性缺失。加强和规范党内政治生活的重要性和紧迫性在于，历史经验表明，我们党作为马克思主义政党，必须旗帜鲜明讲政治，严肃认真开展党内政治生活。新形势下，加强和规范党内政治生活，必须以党章为根本遵循，着力增强党内政治生活的政治性、时代性、原则性和战斗性。时代性、原则性、战斗性都是围绕政治性这个根本展开的，所以要把政治性放在首位；2017年2月，习近平总书记在省部级主要领导干部学习贯彻党的十八届六中全会精神研讨班开班式上发表重要讲话时强调："我们党作为马克思主义政党，必须旗帜鲜明讲政治，严肃认真开展党内政治生活。"新形势下党内政治生活准则，从12个方面对党员干部提出了有针对性的规范，条条都是政治要求，为严肃党内政治生活提供了重要遵循。这12条分别是坚定理想信念、坚持党的基本路线、坚决维护党中央权威、严明党的政治纪律、保持党同人民群众的血肉联系、坚持民主集中制原则、发扬党内民主和保障党员权利、坚持正确选人用人导向、严格党的组织生活制度、开展批评和自我批评、加强对权力运行的制约和监督、保持清正廉洁的政治本色。

《党内政治生活准则》与1980年《准则》相比,增加了160多条新要求。把基本路线当作其中的一条,并且放在准则的第二条,是非常重大的变化。党的十八届六中全会的一个重大政治成果就是明确了以习近平同志为核心的党中央,保持党同人民的血肉联系。《党内政治生活准则》把党的群众路线当作生命线,这是新的变化。此外,把开展批评和自我批评单列一条,1980年《准则》中没有这一条。

从根本上来说,旗帜鲜明讲政治、严肃党内政治生活要从坚定理想信念和严明党的政治纪律着手。习近平总书记强调思想建党与制度治党相结合,划出理想信念的道德高线和严明纪律的底线,把纪律挺在前面,作为从严治党的治本之策。所以,讲政治的实现路径是理想信念和政治纪律。

《党内政治生活准则》把坚定理想信念作为开展党内政治生活的首要任务。新形势下,全党迫切需要以共产主义理想和中国特色社会主义共同理想来统一全党的思想,做到心往一块儿想,劲往一块儿使,凝聚共识,攻坚克难。习近平总书记高度重视理想信念,指出这是共产党人的精神家园,是共产党人精神上的钙,不补钙,就会得软骨病。《党内政治生活准则》更加突出政治纪律,将其作为全面从严治党的治本之策。所谓政治纪律,是各级党组织和全体党员在政治方向、政治立场、政治言论、政治行为方面必须遵守的规矩,是维护党的团结统一的根本保证。遵守政治纪律,最核心的是坚持党的领导,坚持党的基本理论、基本路线、基本纲领、基本经验、基本要求,同党中央保持高度一致,自觉维护党中央权威。

制定出台《党内政治生活准则》,是严肃党内政治生活的需要。严守党的政治纪律是保持党的政治属性实现历史使命的重要保证。马克思说:"我们现在必须绝对保持党的纪律,否则将一事无成。"① 在半殖民地半封建社会的中国,"三座大山"异常强大,而中国民众是一盘散沙。在这样的情况下,中国共产党要完成反帝反封建的使命,必须有严密的组织和严明的纪律;受列宁建党学说的影响,中国共产党从成立那天开始,就非常注重纪律。党的一大纲领,确立了"纪律立党"的原则基础。

制定出台《党内政治生活准则》是落实"四个全面"战略布局的关键。党的十八大以来,以习近平同志为核心的党中央提出了一系列治国理政的新思想、新理念、新举措,逐步形成了"四个全面"的战略布局,而"四个全面"的落实,关键在于全面从严治党。"加强纪律建设是全面从严治党的治本之策",而党面临的主要挑战是"党的领导弱化"。习近平总书记指出:"我们当前主要的挑战还是党的领导弱化和组织涣散、纪律松弛。"② 这一问题不解决,将会导致非常严重的后果。正因为如此,2012年11月15日,习近平同志刚刚就任党的总书记之后,就在记者会上强调,打铁还需自身硬,要推进从严治党。

全面建设社会主义现代化国家,向第二个百年奋斗目标进军,实现中华民族伟大复兴中国梦,这些都要求党中央的路线方针政策不折不扣地得到落实,才能如期完成这些目标。唯有如此,党才能赢得人民的支持和拥护,否则就会失去人民的信任。所以,必须保证党的路线方针政策不折不扣得到执行,保证落地生根,落到实处。而做到这一点,必须

---

① 《马克思恩格斯全集》第二十九卷,人民出版社1972年版,第413页。
② 中共中央文献研究室编:《习近平关于全面从严治党论述摘编》,中央文献出版社2016年版,第9页。

克服可能出现的利益固化的藩篱,全党必须与党中央保持高度一致,向党中央的决策部署看齐,保证令行禁止。

(二) 条例的制定与发展

中国共产党成立初期,制定的条例多以通告、议决案等形式出现。党的四大通过了《对于组织问题之议决案》,规定了党的组织体制是中央集权制,组织原则是民主集中制,对党员和各级党组织提出了严格的组织纪律要求。党的五大通过了《组织问题议决案》,确立了党的集体领导制度。1926年7月党的第三次中央扩大执行委员会通过的《关于宣传部工作议决案》,对中央宣传部的日常工作作了规定。1924年5月第一次中央执委会扩大会议通过的《S. Y. 工作与 C. P. 关系议决案》,对共青团的任务、中心工作以及党团关系作了规定,这是第一部有关共产党和共青团关系的党内法规。

中国共产党高度重视党内巡视工作。1928年10月中央专门制定了《巡视条例》,以中央通告形式下发,对各级党部的巡视员人数、人选的决定,巡视员的条件、职责,巡视的时间、任务等都作了具体明确的规定。这是第一次以党内法规的形式把党的巡视工作制度化,为中共巡视制度的发展奠定了基础,标志着党的巡视制度正式确立。1931年召开的党的六届四中全会,指出过去的工作指导"偏重形式上的文件如通告、指示信"等,要改用"活的领导",建立完全的巡视制度。全会通过的《中央巡视条例》进一步推动了党内巡视工作规范化。

关于新闻宣传管理工作,1929年12月中共中央通过了《关于中央党报通讯员的条例》,1930年通过了《中共中央党报通讯员条例》,基本形成了关于通讯员管理的制度框架。苏区时期的党团制度是党为保证在苏维埃、工会及其他群众团体中的领导，使其绝对执行党的策略与决议而建立的。1934年3月制定了《苏区党团组织与工作条例》，规范了中央苏区党团组织的工作。为规范党内学习制度，1941年党中央书记处决定成立中央学习组，1941年制定出台《高级学习组组织条例》，规定了高级干部开展学习。

1961年9月，为使广大党员干部适应社会主义建设新要求，中共中央作出《关于轮训干部的决定》，对干部轮训的对象、内容、措施、方法、组织领导等作了详细规定，健全了干部轮训制度。1962年，中共中央先后颁布《中国共产党农村基层组织工作条例试行草案》《中国共产党国营工业企业基层组织工作条例试行草案》《中国共产党商业企业基层组织工作条例试行草案》。

改革开放时期，中国共产党高度重视党内条例的制定。关于纪律建设方面，1979年1月，十一届中央纪委一次全会通过《中共中央纪律检查委员会关于工作任务、职权范围、机构设置的规定》，规定"中央纪律检查委员会的根本任务是，维护党规党法，切实搞好党风"。1987年7月，为严格执行党的纪律，建立健全党内监督制度和人民监督制度，中央纪委制定《关于对党员干部加强党内纪律监督的若干规定（试行）》，对党内纪律监督的任务、内容、方式等作了规定。同月，中央纪委印发《党的纪律检查机关案件审理工作条例》，规范了纪委案件审理工作。1997年4月，中共中央发布《中国共产党纪律处分条例（试行）》，详细规定了党组织和党员违反政治、经济、组织、人事等七类错误时应受的纪律处分。2003年12月，中共中央颁布《中国共产党党内监督条例（试行）》，这是党的历史上第一个党内监督法规。2003

年12月，中共中央颁布《中国共产党纪律处分条例》，根据新形势新情况进一步完善了党纪处分规定，是党的纪律和纪律处分方面的基础性法规，对于严肃党的纪律、纯洁党的组织、维护党的团结统一、保证党的路线方针政策贯彻执行具有重要意义。2009年7月中共中央印发《中国共产党巡视工作条例（试行）》。关于党组织建设、选举、提拔、任用方面，1990年6月，为规范基层党组织选举工作、提高基层党组织战斗力，中共中央印发《中国共产党基层组织选举工作暂行条例》，明确了党的基层组织的范围，规定了党的基层组织代表和委员会的选举要求、实施程序和监督处分措施。1994年1月，中共中央印发《中国共产党地方组织选举工作条例》。1996年4月，为加强和改进党的地方各级委员会的领导，中共中央印发《中国共产党地方委员会工作条例（试行）》。2002年7月，中共中央颁布《党政领导干部选拔任用工作条例》。2008年，中共中央印发《中国共产党全国代表大会和地方各级代表大会代表任期制暂行条例》，实行党的代表大会代表任期制，健全了党内民主制度，激发了党的生机活力。为细化2002年《党政领导干部选拔任用工作条例》，中央办公厅颁布《公开选拔党政领导干部工作暂行规定》等五个法规文件，中央纪委和中央组织部联合下发《关于对党政领导干部在企业兼职进行清理的通知》（简称"5＋1"文件）。关于党员权利方面，2004年9月，中共中央颁布《中国共产党党员权利保障条例》，将党章规定的党员8项权利细化为三大类共20项权利，是党员权利方面的基本法规，是保障党员权利的强大法规武器。关于干部教育培训方面，2006年1月，中共中央印发《干部教育培训工作条例（试行）》，这是党的历史上首次以党内法规的形式，对干部教育培训工作作出全面系统的规定。关于党内立法方面，1990年7月，中共中央颁布被称为党内"立法法"的《中国共产党党内法规制定程序暂行条例》，首次以党内法规的形式界定"党内法规"，对党内法规的名称、适用范围、制定主体、制定程序等作了规定，推进了党内法规制定工作制度化、规范化。2011年7月，中办法规局起草发布了《中国共产党党内法规制定条例》，进一步规范了党内立法。

党的十八大以来，以习近平同志为核心的党中央更加注重党内条例制定。2015年6月，中央政治局通过《中国共产党党组工作条例（试行）》，对党组的设立、职责、组织原则、议事决策等作出全面规范，是党组工作方面的基础主干法规。2015年8月，中共中央颁布修订后的《中国共产党巡视工作条例》，为新时代加强党内巡视提供了根本遵循。2015年10月，中共中央根据新形势新任务，修订《干部教育培训工作条例》，对干部教育培训制度进行了改进完善。2018年重新修订了《中国共产党纪律处分条例》，更进一步加强了政治纪律建设。2019年3月，中共中央印发新修订的《党政领导干部选拔任用工作条例》。《中国共产党问责条例》《中国共产党党支部工作条例（试行）》《中国共产党党员教育管理工作条例》等相关条例密集出台，党内法规建设进入高质量发展时期。

三、及时跟进出台配套法规

（一）新民主主义革命时期配套法规的制定出台

新民主主义革命时期，分不同阶段，党的地方组织根据党中央制定的党章党规出台了相关的地方党内法规。由于新民主主义革命时期各个地方处于严酷的对敌斗争状态，地方党内法规建设不尽完善。伴随着抗战后期中国共产党逐渐在战场上取得战略优势，各个根据地党内法规建设相对成熟。例如，1948年1月7日，毛泽东同志为中共中央起草了《关于建立报告制度》的指示，规定各中央局、分局每两个月必须向中央和中央主席作一次综合报告，报告该区军事、政治、土地改革、整党、经济、宣传和文化等动态，以及存在的问题、倾向及解决方法。各野战军和军区首长，亦须按上述要求提交政策性综合报告和请示，包括纪律状况、指战员的偏向、政治工作情况、军民关系、各阶层人民的动向，以及对土地、城市政策的执行情况等。中原解放区的许多地区属于新解放区，面临诸多新情况、新问题，但由于惯性思维，往往把老解放区的一些办法照搬过来解决新解放区的问题，如土改过程中犯"左"的错误、制定政策脱离实际、开展工作有时盲目乱干等。中原局清醒地认识到无纪律无政府问题的严重性和危害性。基于此，中原局为遏制和纠正无纪律无政府的不良倾向，于1948年9月出台了《关于克服无纪律无政府状态并建立请示与报告制度的决定》，着力建构请示报告制度，进一步规范党内政治生活。中原局决定，严格按照中共中央指示精神开展反无政府无纪律的专项斗争，普遍建立请示报告制度。一是"应求早实行"，任何部门不得以任何借口拖延；二是开展批评和自我批评，要求各"地委、旅、市委以上党委党组，均须认真开会检讨作出简明扼要的决议送交上级审阅修改遵照执行，并将检讨及原决议送来以备审阅"；三是采用定期报告制度，按月向中共中央和中央主席提交报告；四是采取多种报告形式，包括综合性报告、野战军报告、军区报告和地方群众财政报告等，涵盖解放区工作的重要方面。各个根据地结合自身实际情况出台地方法规，有力保证党中央的集中统一领导。

（二）社会主义革命和建设时期、改革开放和社会主义现代化建设新时期配套法规的制定出台

社会主义革命和建设时期，针对党章出台了相关配套法规。这个时期出台的党内组织法规有12部。1950年颁布了《中共中央关于发展和巩固党的组织的指示》，提出今后重点在城市中发展工人阶级党员。为保持工人阶级党员在党的比例中占据优势，在农民中发展党员要加以限制。批评了"自报公议党批准"的建党方法，提倡公开建党。① 1952年通过了《中共中央关于建立农村工作部的决定》，明确提出为了不减弱党对农村工作的领导，中央决定在省委以上的党委领导下，一律设立农村工作部。为了加强党的基层组织建设，1963年中共中央颁布了《中国共产党农村基层组织工作条例试行草案》《中国共产党国营工业企业基层组织工作条例试行草案》《中国共产党商业企业基层组织工作条例试行草案》。② 在社会主义革命和建设时期后期，由于发动"文化大革命"，以阶级斗争为纲，因而地方党内法规建设不完善，存在诸多问题。改革开放和社会主义现代化建设新时期，随着把经济建设作为中心任务，配套法规不断健全、完善。进一步提高党员素质的相关党内法规相继出台。1990年8月1日，中共中央组织部颁布了《中国共产党发展党员工作细则（试行）》，明确提

---

① 《中共中央文件选集》第一卷，中共中央党校出版社1992年版，第243—244页。
② 中共中央文献研究室编：《建国以来重要文献选编》第十六册，中央文献出版社1997年版，第10页。

出要保证新发展的党员质量，保持党组织的先进性和纯洁性，提高党的战斗力。这是随着改革开放不断深入、在市场经济不断发展时代背景下以关口前移提高党员发展质量的重要党内法规。2006年，中共中央办公厅相继颁发《关于加强党员经常性教育的意见》、《关于做好党员联系和服务群众工作的意见》、《关于加强和改进流动党员管理工作的意见》和《关于建立健全地方党委、部门党组（党委）抓基层党建工作责任制的意见》四个文件，对新形势下加强党员日常管理、教育、保持党与群众的密切联系和流动党员进行规范。进一步加强对党员干部的教育监督和管理。当时对党员干部的选拔面临的突出问题是不遵守党的原则，违反组织人事纪律，凭借个人好恶、恩怨或从封建的、宗法的观念出发选拔人，甚至提拔子女、亲友，引起党员干部素质下降和群众不满。为规范党员干部选拔，1986年1月中共中央发布《中共中央关于严格按照党的原则选拔任用干部的通知》，从原则、程序等方面进行规范。为进一步深化干部人事制度改革，2005年3月中央政治局会议审议通过了《公开选拔党政领导干部工作暂行规定》《党政机关竞争上岗工作暂行规定》《党的地方委员会全体会议对下一级党委、政府领导班子正职拟任人选和推荐人选表决办法》《党政领导干部辞职暂行规定》《关于党政领导干部辞职从事经营活动有关问题的意见》等干部人事制度改革文件。此前，经中央同意，中央纪委和中央组织部联合下发了《关于对党政领导干部在企业兼职进行清理的通知》。这六个文件的出台，有利于进一步拓宽选人视野，引进竞争机制，调动各方面的积极性，促使优秀人才脱颖而出；有利于加强干部的监督管理，规范党政领导人才的正常流动，推进领导干部能上能下、能进能出；有利于扩大党员和群众对干部选拔任用的知情权、参与权、选择权和监督权，防止和克服用人上的不正之风；有利于营造良好气氛，形成规模效应，从整体上不断推进干部人事制度改革。标志着干部人事制度改革进入到一个与完善社会主义市场经济体制相协调，整体推进、不断深化的新阶段。

（三）中国特色社会主义新时代配套法规的制定出台

中国特色社会主义进入新时代，中国共产党逐渐形成制度和思想建党双向推进的党建新思路，在针对新党情、国情、世情的背景下，在对以往相关配套法规进行继承创新的基础上，分层次分类别制定完善了诸多配套法规。

首先，注重党内法规体系建设。2012年11月15日，习近平总书记指出，必须以更大的决心和勇气抓好党的自身建设，坚持党要管党、从严治党。2012年12月4日，中央政治局审议通过了关于改进工作作风、密切联系群众的八项规定，为全党立规矩。2013年5月，《中国共产党党内法规和规范性文件备案规定》对外发布。随后，中央对新中国成立以来的党内法规和规范性文件进行了系统清理。2013年11月，中央又颁布了《中央党内法规制定工作五年规划纲要（2013—2017年）》，对之后五年中央党内法规制定工作进行统筹规划，推动党内法规制度体系建设。此后，中央相关部门印发了《关于严禁超职数配备干部的通知》《配偶已移居国（境）外的国家工作人员任职岗位管理办法》。

2017年6月，中共中央印发《关于加强党内法规制度建设的意见》，从指导思想、总体目标加快构建完善的党内法规制度体系。

其次，注重与十九大党章、党内政治生活准则相配套。这一时期党内配套法规，主要与新修订的十九大党章、党内政治生活准则和党内监督条例相配套。十九大党章对于新时代党的建设总体布局提出以党的政治建设为统领，2019年出台了《中共中央关于加强党的政治建设的意见》，对于以党的政治建设统领其他党内建设进行规范。2019年印发了《关于加强和改进中央和国家机关党的建设的意见》。

各个地方也加强地方党内配套法规建设。比如，2015年四川省召开全省领导班子思想政治建设工作会，出台《严守政治纪律严明政治规矩加强领导班子思想政治建设的十项规定》，集中部署推进领导班子思想政治建设。2016年出台《中共四川省委工作规则》《中共四川省委常委会议事决策规则》，进一步完善省委工作运行机制；同年四川省委十届九次全会作出《关于加强和规范党内政治生活严格党内监督巩固发展良好政治生态的决定》。在2016年开始的市、县、乡领导班子集中换届中，坚持把思想政治建设贯穿始终，确保了整个换届清净、安静、干净，中组部换届风气监督组评价四川的换届工作是全国做得最好的省份之一。党的十八大后，四川省委坚持党管人才原则，坚定实施人才强省战略，出台《关于加快建设西部人才高地、服务创新驱动发展战略的意见》《关于深化人才发展体制机制改革、促进全面创新改革转型发展的实施意见》等系列重要文件，制定扩大用人单位自主权"10条政策"、激励科技人员创新创业"16条政策"等系列人才新政，人才制度竞争力进一步增强。党的十九大后，为营造良好政治生态和高质量发展环境，四川省委认真贯彻新时代党的建设总要求，坚持把"两个维护"作为根本政治任务，先后出台《中共四川省委关于省委常委会带头进一步增强法治观念深化依法治省实践的意见》《关于彻底肃清周永康流毒影响 持续净化四川政治生态的决定》，以上率下带动各级领导班子持续加强政治建设。

第三章

协同推进各层面党内法规制度建设

改革开放和社会主义现代化建设新时期，邓小平同志总结正反两方面经验教训，深刻指出制度建设的重要性，将其提升到党和国家长治久安的高度，要求全党务必高度重视，并强调制度是管长远、管大局、管稳定、管根本的问题，这就决定了党内法规建设在党和国家政治生活中的重要地位。从百年党史来看，为了实现中华民族伟大复兴，党根据各个时期的客观形势、历史任务以及党的建设的现实需要，持续开展党内法规制度化、规范化、体系化建设，全方位形成科学、规范、有效的党内法规制度体系，推动了党和国家事业发展。从历史和现实来看，无论是在加强党的长期执政能力建设、先进性和纯洁性建设中，还是在推进国家治理体系和治理能力现代化、实现法治中国进程中，加强党内法规制度建设都具有重要的理论和现实意义。

2019年8月30日，根据时代发展的客观需要，中共中央政治局审议修订了《中国共产党党内法规制定条例》，明确了党内法规的含义，即党的中央组织，中央纪律检查委员会、党中央工作机关和省、自治区、直辖市党委制定的体现党的统一意志、规范党的领导和党的建设活动、依靠党的纪律保证实施的专门规章制度。根据该条例，从层级上由高到低划分出中央、部委、地方三个层次的党内法规，并对各个层级党内法规的权限、地位等作了明确界定和说明。那么，各层级党内法规各自发挥怎样的功能和作用、如何相互协调形成合力？这些值得认真研究。

一、中央层面党内法规以上率下把准方向

从顶层设计出发，中央党内法规对党内相应的制度和责任权限进行了划分，明确了各层级党内法规的权限，规定了各级党组织的职能、职权、任务及党的纪律、党员权利义务等基本事项。凡是涉及党中央安排、部署、要求的，只能由中央党内法规作出相应规定，其专属文件名称为准则和条例，其党内效力相当于国家法体系中的基本法和一般法，对全党各层级组织、全体党员在党内生活方面作出基本行为规范和全面具体规定。

（一）中央党内法规建设的百年发展变迁

从党的历史来看，1938年，在党的六届六中全会上，毛泽东同志首次提出"党内法规"的概念。从党内法规建设发展史来看，中国共产党紧紧围绕党的建设这个伟大工程，在不同的历史时期围绕党的历史任务、中心和大局不断加强党内法规制度建设，以利于更好地加强党的领导和提高党的执政能力，进而解决各个时期的重大历史课题以及党的建设领域面临的重大任务。中央党内法规制度建设的历史，依据党在不同历史时期所面临的党的事业发展形势，可以划分为四个历史阶段。

1. 新民主主义革命时期的中央党内法规制度建设

中国共产党的历史也是党内法规形成、发展和完善的历史。中国共产党党内法规是与中国共产党相伴而生的。1921年7月23日，党的一

大在上海召开，后在嘉兴南湖红船闭幕，宣告了中国共产党成立。党的一大通过了《中国共产党第一个纲领》。一大党纲明确了党的名称、性质、宗旨以及最终奋斗目标等，并初步确立了组织机构、章程、原则、发展党员等事项。

1922年7月，党的二大召开，党章就此诞生。党成立初期，党章内容并不多，设立党员、组织、会议、纪律、经费及附则六章，共二十九条。党章对入党的条件和程序作了相应规定，明确了党的组织原则，设立了相应的组织机构，并把党的纪律单独列为一章，详细规定了党内的纪律规范，以及对违纪党员的纪律处分，这表明，中国共产党一开始就高度重视党的纪律建设规范。从党内法规地位来看，党章是最高的行为规范，效力相当于国家层面上的宪法，其他党内法规的制定都要以党章为根本遵循。

党章的产生，是党创建时期取得的初步党内法规制度成果，对党的发展和壮大产生了重大影响。"使党能以无产阶级先锋队的面貌迅速从中国各政党和团体中脱颖而出，获得中国工人阶级和其他劳动群众的信赖，为以后党的建设奠定了坚实基础。"① 自党章诞生以来，党坚持实事求是、与时俱进，依据实际情况对党章进行了多次修订，高度凝练了党在革命、建设、改革和新时代各个时期的最新理论成果，不仅是管党治党的依据，而且是其他党内法规制定的总依据。正如习近平总书记指出的："党章就是党的根本大法，是全党必须遵循的总规矩。"②

---

① 中共中央党史研究室：《中国共产党历史》第一卷（上），中共党史出版社2010年版，第93页。
② 习近平：《认真学习党章 严格遵守党章》，《求是》2012年第23期。

二大党章诞生后,面对党建的新情况、新问题和新要求,中央党内法规制度建设也在不断地与时俱进。1938年10月,中共中央在延安召开了扩大的六届六中全会,鉴于张国焘严重破坏党内纪律的行为,刘少奇同志代表党中央作了《党规党法的报告》,会议审议通过了《关于中央委员会工作规则与纪律的决定》《关于各级党部工作规则与纪律的决定》等多部党法党规重要文件。

1940年1月,中共中央书记处发布了《中共中央书记处关于干部学习的指示》,将党员教育工作提上党的工作重要议程,明确了教育的基本内容,并根据党员干部层级设置相应的课程。1941年5月,为提高党员干部实际工作能力,中共中央书记处发布了《中共中央书记处关于党员参加经济和技术工作的决定》,规定了一切在经济和技术部门服务的党员干部要向党外和党内专家学习。

从党的六届六中全会召开到新中国成立,还相继通过了《中共中央关于增强党性的决定》《中共中央关于严格执行报告制度的指示》等大量党内法规。这一时期,中央党内法规制度建设因历史条件的局限,在许多方面还存在不规范、不成熟、不健全,稳定性不够,体系化不足以及执行力有待提高等问题,多以"决定""指示"的方式出现。不仅如此,这一时期的中央党内法规在内容上不够明确和细致,对于党的干部特别是高级干部的行为规范还不够明晰和严格。但总体而言,这一时期党内法规建设取得了重大进展,为后来党的纪律、宣传、组织、党员干部教育建设提供了宝贵经验,对新民主主义革命伟大胜利产生了重大影响。

2. 社会主义革命和建设时期的中央党内法规制度建设

社会主义革命和建设时期,是党内法规制度建设史上的一个重要阶段。新中国成立后，为了更好地加强党的领导和提高党的执政能力，党把党内法规制度建设作为一个重要抓手。1949年11月，中共中央发布《关于成立中央及各级党的纪律检查委员会的决定》。1950年5月，为继承和发扬党的优良作风，保持党和人民群众的血肉联系，克服党内居功自傲、官僚主义作风以及享乐主义错误倾向，中共中央印发《关于在全党全军开展整风运动的指示》。从1953年到1962年，《关于开展反对官僚主义、反对命令主义和反对违法乱纪的指示》《关于增强党的团结的决议》《关于厉行节约的紧急规定》等指示、决议、规定相继发布和实施，对于社会主义革命和建设时期党内法规建设起到了重要作用。

从1957年到1976年的20年时间，由于错误估计了党内外形势，特别是"文化大革命"十年起乱，对党内法规建设产生了消极影响。这一时期，由于民主法制遭到破坏，中共中央党内法规建设的连续性、稳定性和规范性不够，缺乏法治思维和缺少相应的有效监督机制，致使党员的人身权利和民主权利得不到应有保障。其间，为了维护制度权威，尽管中共中央作出了相应努力，但由于受阶级斗争思维、社会动乱和民众法治环境遭到破坏等影响，党内法规制度建设遭受严重挫折。这一时期党内法规建设各个方面都相对随意，规范性不足、程序上不严谨、体系也不够完善，与国家法律存在矛盾，在某些方面党规与国法不协调，党的主要领导人的意志和政治权力甚至高于党规和国法，出现以党代政、以党规代替国法的现象。以党内法规、党内文件的形式规定某些属于国家法律、行政法规、政府规章应规范的事项的情况比较明显。经验教训深刻，值得认真总结。

3. 改革开放和社会主义现代化建设新时期的中央党内法规制度建设

1978年12月18日—22日，党的十一届三中全会在北京召开，全会决定把全党的工作重心转移到经济建设上来，开启了改革开放历史新时期，对党和国家事业产生了深远影响。这一时期，党内法规制度建设、党内政治生活、民主法制建设重回正轨。1980年2月，《关于党内政治生活的若干准则》发布，这是中共中央制定的一部重要的基础性法规，明确了党组织和党员应当遵守的政治原则、组织原则以及党的纪律等方面的基本规矩，党内政治生活重新步入正轨。"它不仅重申了延安时期中国共产党形成的好传统、好规矩，而且在总结新鲜经验的基础上又增添了新的重要内容，是加强党的建设的强大武器。"[①] 之后中共中央、国务院还印发了《关于高级干部生活待遇的若干规定》《关于严禁党政机关和党政干部经商、办企业的决定》等党内法规重要文件。1987年10月，党的十三大明确提出在新的历史条件下，党的建设要走出一条靠改革和制度建设的新路子。为了深入贯彻落实党的十三大关于党内法规制度建设的精神，《中国共产党基层组织选举工作暂行条例》等大量党内法规相继出台。1990年7月，中共中央颁布的《中国共产党党内法规制定程序暂行条例》，被认为是中国共产党自身制度化与法治制度开放进程中的里程碑。党内法规制度建设进入了一个全新阶段，党内法规制度建设开始注重与国家法律的有效衔接，在党内法规制度制定、实施过程中，始终按照法治的方式来进行。1997年3月，中共中

---

① 操申斌：《改革开放以来中国共产党党内法规建设的历史考察》，《安徽史学》2009年第6期。

央办公厅、国务院办公厅联合发布了《关于领导干部报告个人重大事项的规定》，这是党政公开制度的初步尝试。1997年9月，党的十五大报告首次将"依法治国，建设社会主义法治国家"作为治国理政的基本方略。1999年宪法修正案，把"依法治国，建设社会主义法治国家"作为一项重要的内容写入宪法。在推进依法治国的大背景下，中央党内法规制度建设也开始步入法治化轨道，呈现出良好局面。2003年12月，中共中央制定了《中国共产党党内监督条例（试行）》《中国共产党纪律处分条例》两部党内法规，党内法规制度建设迈出坚实步伐。

改革开放和社会主义现代化建设新时期，中央党内法规制度建设进一步发展，标准化、规范化进一步加强，无论在法规数量上还是在制定效率上，都获得了极大发展。党坚持运用法治思维，把党内法规与国家法律法规统一起来，站在执政兴国的高度，不断地推动党和国家事业的民主化、法治化向前发展。然而，在实践中也存在着一些问题，如中央党内法规在数量上增多，但在质量上却有待进一步提高，同时在制度执行上也有待进一步跟进，不能让党内法规相关内容成为摆设，这样，不但对党的自身建设起不到应有作用，反而对整个国家法治建设产生了不良示范效应。又如，部分中央党内法规之间在内容上存在交叉重叠、甚至相互冲突的现象，部分中央党内法规与国家法律也不协调、不一致，且在对党员干部的要求上出现了明显的降格现象。在此背景下，中央党内法规制度建设与社会主义法治建设协同发展，更好地服务于党和国家的事业，是党必须要解决的实际问题。

4. 中国特色社会主义新时代的中央党内法规制度建设

党的十八大以来，以习近平同志为核心的党中央把全面从严治党上升到国家的战略布局，党内法规制度建设迎来了大发展时期。

2012年12月，中央政治局审议并通过了《十八届中央政治局关于改进工作作风、密切联系群众的八项规定》。"八项规定"从规范行为入手，由表及里、深入人心，起到了净化党员思维观念与纯洁党性的效果，也提升了普通百姓对党的满意度和信心。党风、政风得到净化，也促进了社会风气的转变。① 之后中共中央制定了《中国共产党党内法规制定条例》，对党内的立法制度作了更加详细的规定，体系化、规范化更加明显。与此同时，为了摸清党内法规家底，中共中央安排部署相关部门对党内法规相关文件进行集中清理工作，总体上解决了党内法规制度中存在的不协调、不衔接、不适应、不一致问题，一大批过时的或不符合党的建设新要求的党内法规被清理，使现行党内法规制度更加科学规范和具有可操作性。2013年11月，《中央党内法规制定工作五年规划纲要（2013—2017年）》全文发布，一大批中央党内法规陆续出台，党内法规制度体系渐成规模。②

党的十八届四中全会将党内法规纳入社会主义法治化建设轨道。党的十八届六中全会则进一步加强党内法规制度建设，发挥其在全面从严治党过程中的重要作用。2016年12月13日，中共中央印发《关于加强党内法规制度建设的意见》，对党内法规制度建设提出了更为具体的规定；2016年12月24日—25日，首次全国党内法规工作会议召开，专门研究党内法规建设相关问题。2017年，党的十九大报告提出，"增强依法执政本领，加快形成覆盖党的领导和党的建设各方面的党内法规

---

① 王明杰：《"八项规定"带来的巨大改变》，《人民论坛》2017年第1期。
② 屠凯：《党内法规与国家法律共处中的两个问题》，《中国法律评论》2016年第3期。

制度体系,加强和改善对国家政权机关的领导"①。这为今后一段时间,党内法规制度建设指明了方向。2018年2月,《中央党内法规制定工作第二个五年规划(2018—2022年)》发布,为今后五年党内法规制度建设指明了方向,提供了基本遵循。

中国共产党百年历史实践证明,党内法规制度建设是坚持党的领导和保持党长期执政的重要制度保障,党的一百年光辉历程,之所以取得革命、建设、改革和新时代的伟大成就,其中一个重要原因就是重视加强党内法规制度建设,坚持依法依规治党,才使得中国共产党在各个时期,从容应对和战胜各种风险和挑战,始终成为中国特色社会主义事业的坚强领导核心。

(二) 中央党内法规建设的成就和存在的问题

1. 中央党内法规建设的成就

从总体上看,随着党的建设实践不断丰富和发展,中央党内法规建设基本上形成了一个内容广泛、覆盖面宽、科学有效的制度体系,规范了党内政治生活的方方面面以及对党员和党组织的行为作出了相关规定,对于坚持和完善党的全面领导和加强党的长期执政具有重大意义,有力地保障了党和国家的事业不断向前发展,得到了党内外各界人士的广泛认同。

党的十八大之后,党内法规建设步伐明显加快并不断地发展和完善,2013年11月,中共中央印发的《中央党内法规制定工作五年规划

---

① 习近平:《决胜全面建成小康社会 夺取新时代中国特色社会主义伟大胜利——在中国共产党第十九次全国代表大会上的报告》,人民出版社2017年版,第68—69页。

纲要（2013—2017年）》明确提出："以党章为根本，以民主集中制为核心，积极推进党内法规制定工作，加快构建党内法规制度体系，为全面提高党的建设科学化水平，加强和改善党的领导、确保党始终成为中国特色社会主义事业的坚强领导核心提供坚实制度保障。"党的十八届四中全会作出重要顶层设计，把党内法规制度体系建设纳入了全面依法治国的目标之中。党的十九大报告以及十九届四中全会均着重强调了党内法规制度建设的重要性，这些都为最终构建科学完整、程序规范、运行有效的党内法规制度体系的形成起着重要作用。

中央党内法规，一方面集中展现了党中央管党治党的新理念、新思想、新实践，另一方面也反映了依规治党、标本兼治、规范执纪的思维逻辑。[①] 中央党内法规制度建设做到了"四个结合"，即党内法规与国家法律衔接与分离相结合、目标导向与问题导向相结合、法规制定与执行落实相结合以及单行法规制度建设与体系化建设相结合。中央党内法规制度建设水平明显提升，在制定、清理、细化、备案、实施等方面日趋科学化、规范化和具体化。在中央党内法规制度建设的带动下，党内政治生活、党规党纪更加规范，全面从严治党成效显著。但也应看到目前中央党内法规制度体系还存在一些不足，需要随着全面从严治党不断地深入推进而应进一步健全和完善。

2. 中央党内法规建设存在的问题

党内法规体系建设起步较晚，现在虽然建立起了成体系的框架结构，形成以党章为统领，分为党的组织法规制度、党的领导法规制度、党的自身建设法规制度、党的监督保障法规制度四大板块，即

---

① 刘金程：《依规治党：从"不敢腐"到"不能腐"》，《人民论坛》2017年第6期。

"1+4"为基本框架的党内法规制度体系,但这个框架结构还不完整,尚待完善,在党内法规衔接、形成合力等方面还存在一些问题。这些问题制约着体系效用的发挥,需要在以后的法规建设中规制避免或着力解决。

"顶层设计"有待进一步增强。"顶层设计"是党的十八大后的新要求,其出发点是要加强制定制度的规范性和科学性,去除随意性,这也是从源头上解决体系散乱问题的有效手段。但在立法层面上,党内权力结构的某些"倒置"现象在一定程度上影响着党内法规立法技术和党内法规制度的发展。目前,党内法规体系框架结构仍需进一步明晰,党内法规部门之间还需进一步协调,体系建设中还存在着隶属不同部门的党规内容交叉重合乃至冲突的问题。

建设重点有待进一步细化。随着全面从严治党向纵深推进,党政法规建设工作也面临着复杂多变的局面,现有的"1+4"板块模式无法囊括所有情形,反而造成某些适应新形势的党内法规无法融入体系,成为异类的现象。此外,根据规划的要求,五年内需要制定、修订大量基础性、主干性党内法规,几乎涉及党务关系的每一项,但有些部门紧缺骨干性法规,而有些相对成熟的领域最缺乏的是指导工作的细则、办法。

法治精神有待进一步加强。党内法规具有同"法"类似的特征,由此推之,它的体系也必须是具有"法"的性质的有机整体,也就是说,不再是局限于每一件党规、每一段条文,而是从整体上、宏观上去把握党内法规体系的特征。当前一些党内法规包含太多行政化指令,存在违背"法"的精神的现象。许多党规不能及时制定,实施细则不能及时出台,致使党内法规不能及时发挥作用、及时落地。

党内法规体系与国家法律体系有待进一步协调。党内法规建设和国家法治建设二者之间相互联系，是国家治理体系和治理能力现代化的"两个车轮"。但是，也存在衔接上的不畅甚至是冲突的现象，主要体现为：立法层面缺乏必要沟通，致使在两方面衔接时出现空当；有的党规突破权力界限，影响法律实施空间；个别党规的规定同法律抵触；惩罚措施的错位现象时有发生。

"1+4"为条块的横向法规体系建设有待进一步完善。目前来看，党的组织法规制度、党的领导法规制度、党的自身建设法规制度和党的监督保障法规制度建设还存在一些短板和有待细化和完善的地方，与新时代高水平党的建设质量还有一定差距，与全面从严治党的要求尚存在一定差距，在4大板块中，有些方面，基础主干性法规还有待进一步建立健全和完善，不利于全面从严治党战略布局向纵深推进，也不利于以高质量党建推进高质量发展的客观需要。

（三）中央党内法规建设的要求和方向

1. 中央党内法规建设的总体要求

2012年5月颁布的《中国共产党党内法规制定条例》是中央党内法规体系建设的标志性成果，该条例坚持统筹规划、整体推进、科学编制、统一权威的基本原则，进一步规范了党内法规制定的程序，明确提出制定党内法规的基本目标，对进一步推进党内法规制度体系起到了非常重要的指导作用。

2013年5月27日，经中央批准，《中国共产党党内法规制定条例》《中国共产党党内法规和规范性文件备案规定》公开发布。这两部党内法规的制定和发布，对于推进党的建设制度化、规范化、程序化，提高党科学执政、民主执政、依法执政水平，具有十分重要的意义。

2019年8月30日，中共中央政治局会议修订《中国共产党党内法规制定条例》，2019年9月发布修订后的《中国共产党党内法规制定条例》。修订后的条例以习近平新时代中国特色社会主义思想为指导，以党章为根本遵循，坚持全面从严治党、依规治党，是推进党内法规制度建设的重大举措，对于提升党内法规制定的前瞻性、民主性和科学性，保障党内法规的统一性、权威性、严肃性和执行力具有重要意义。自此，中国共产党首次拥有了正式的党内"立法法"，划清了中央与地方党委法规制定权限，有效解决了一些地方制定党内法规闭门造车、脱离群众、"红头文件"打架等现象，为加快构建科学的党内法规制度体系以及党内法规的实施产生重大影响。

从中央到地方的纵向党内法规制度体系建设协同推进。以党章为基本遵循，中央制定颁布了一系列的准则、条例和规定，中纪委和党中央各工作机关分别制定配套的办法和细则，各省级地方委员会结合地方实际制定相应的地方性党内法规。以上三个层级的党内法规都要严格遵守党章，都要按照党章有关规定进行相应的细化并实施。三个层级的党内法规具体规定党组织和党员的行为规范、组织生活、纪律要求等。党内法规制度建设在纵向上形成了由中央党内法规、中央部委党内法规和地方党内法规共同推进、统一协调、统筹兼顾发展的格局，既保证了党中央权威和集中统一领导，也充分发挥了地方管党治党的重要作用。

"1+4"为条块的横向党内法规制度体系框架不断完善。2017年6月，中共中央印发《关于加强党内法规制度建设的意见》，在横向上即内容层面上，该意见坚持把目标导向和问题导向相结合，按照规范主体、规范行为、规范监督、相互协调原则,完善以"1+4"为基本框架的党内法规制度体系,这对今后中央党内法规建设具有重大指导意义,使中央党内法规内容更加丰富,涉及面更宽,更加协调。

中央党内法规制度建设是全面从严治党的题中应有之义。党的十九届四中全会审议通过了《中共中央关于坚持和完善中国特色社会主义制度、推进国家治理体系和治理能力现代化若干重大问题的决定》,对制度建设的认识提升到了一个新的高度,与此相适应,党内法规制度建设越发凸显,同时,加强党的自身建设,必须建立健全党自我净化、自我完善、自我革新、自我提高的制度保障,以利于党的长期执政能力建设、先进性和纯洁性建设,进而增强党的政治领导力、思想引领力、群众组织力、社会号召力。当前,党内还存在着政治不纯、思想不纯、组织不纯、作风不纯的现象,作风建设永远在路上,这就需要始终保持战略定力,开展具有新的历史特点的伟大斗争,推动全面从严治党向纵深延伸,要以"1+4"为党内法规制度建设为重点,明确党内法规建设的目标,补短板、堵漏洞、强弱项,构建内容科学、程序严密、配套完整、运行有效的党内法规制度体系,不断提高党的建设质量,以党内法规建设的高质量发展推动全面依法治国向前发展,进而加快国家治理体系和治理能力现代化进程。

中央党内法规制度建设服务于全面依法治国的战略目标。全面依法治国是"四个全面"战略布局的重要一环,为全面深化改革、全面从严治党、全面建成社会主义现代化强国提供法治保障。加强党内法规制度建设是全面依法治国的必然要求,是党运用法治思维全面从严治党的具体表现,也是全面依法治国在党内的实际应用。中国共产党党内法规相比于国家法律而言可谓要求更高、规定更严,在推动民主化法治化进程中更应该做到以身作则，作好示范和表率，只有这样，中国共产党才能不断自我净化、自我完善、自我革新、自我提高，使作风更加优良，才能更好地统筹推进"五位一体"总体布局，协调推进"四个全面"战略布局，进而实现全面依法治国的宏伟目标。

中央党内法规制度建设站位于国家治理的宏观视野。中国共产党一经成立，就把马克思主义写在自己的旗帜上，党的初心和使命就是为中国人民谋幸福，为中华民族谋复兴。党内法规作为全面从严治党的重要党内制度规范，必须以党的初心和使命为根本遵循。中国共产党一百年的光辉历程，各个时期所取得的伟大成就，都是围绕实现中华民族伟大复兴这一主题，始终坚持走群众路线，不断地践行党的宗旨，党内法规制度建设也始终紧紧围绕这一主题展开。当前，中国共产党正团结带领中国人民向着第二个百年奋斗目标迈进，党内法规制度建设必须着眼于2035年远景目标和2050年把我国建成社会主义现代化强国，为实现国家治理体系和治理能力现代化提供强力的制度保障。

2. 中央党内法规建设的未来方向

制定科学的领导制度法规。党政军民学，东西南北中，党是领导一切的。党的领导是中国特色社会主义最本质的特征和中国特色社会主义制度的最大优势，这就必然要围绕党的领导这一特征和优势来加强党的领导制度建设，不断完善坚持党的领导的体制机制、领导方式和执政方式，进而进一步提高党把方向、谋大局、定政策、促改革的能力和定力，确保党始终总揽全局、协调各方。这就要求制定科学规范、行之有效、全方位的领导制度法规，为党更好地全面领导各项工作提供科学的制度保障。

完善党的组织法规。民主集中制是党的根本组织原则，是党的根本组织制度和领导制度，是民主基础上的集中和集中指导下的民主相结合的制度，是马克思主义认识论和群众路线在党的生活和组织建设中的运用，全面规范了党的各级各类组织的产生和党内生活的基本行为规范，是保证党的创造力、凝聚力、战斗力的制度基础，也是有效集中全党智慧和力量，不断地从一个胜利走向另一个胜利的经验总结。为党带领全国各族人民实现中华民族伟大复兴提供了组织制度保障，因此，在党的组织法规建设中必须长期坚持和毫不动摇。

健全管党治党法规。以法规形式将管党和治党实践经验固定下来，形成制度治党，这是中国共产党加强党的自身建设的优良传统和显著优势。习近平总书记指出："依规治党，首先是把纪律和规矩立起来、严起来，执行起来。"① 没有规矩不成方圆，保证党的团结统一，保持党的先进性和纯洁性，实现党在各个历史时期的历史任务和奋斗目标，必须要有铁一般的纪律，这就需要在党内建立一整套系统的党内法规制度体系，形成有权必有责、有责要担当、用权受监督、失责必追究的党内法规制度机制，以明确的制度约束党组织和党员干部的行为规范，对违反党内法规制度的党员干部，都要进行相应的追究和问责，真正做到依法依规治党。

加强党的各方面制度建设。党的建设是一个系统工程，包含方方面面，不仅包括必要的党务工作，还包括党的政治建设、思想建设、组织建设、作风建设、纪律建设和制度建设等。党的建设质量的好坏直接关系到党和国家事业发展的全局，这是加强党的建设实践经验的总结。党的中央、地方和基层组织，都必须重视各自权限范围内的制度建设，经常讨论和检查党的思想政治、组织宣传、纪律检查、群众路线、统一战

---

① 中共中央纪律检查委员会、中共中央文献研究室编：《习近平关于严明党的纪律和规矩论述摘编》，中央文献出版社、中国方正出版社2016年版，第60页。

线等工作情况，注意吸收党内外群众的对党内法规制度建设的意见和建议，并把其融入党的各方面制度建设之中，体现民意、汇集民智，加强制度的落地落实，维护制度权威，并以刀刃向内的勇气，同一切违反党的制度的不良行为作坚决斗争。

二、中央部委层面党内法规承上启下、专司一域

中央部委党内法规，即中央纪委、中央各部门制定的党内法规，是党内法规体系的枝干部分，其效力低于中央党内法规，高于地方党内法规，主要是对党的某一方面工作或者事项作出具体规定，一般以中央纪律检查委员会、中央各部门文件形式发布。

（一）中央部委党内法规建设的百年发展变迁

1. 新民主主义革命时期的中央部委党内法规制度建设

新民主主义革命时期的中央部委党内法规多以决议、条例、决定、通知、计划、问题、指示等形式出现，在上承中央下启地方党内法规中起着重要的衔接作用。

（1）中央组织部制定的党内法规

1921年7月23日至8月初，在党的一大通过的第一个决议中规定"本党的基本任务是成立产业工会"，"设立中国劳动组合书记部"。[①]

---

① 中央档案馆编：《中共中央文件选集》第一册，中共中央党校出版社1989年版，第4页。

1924年5月，中央正式决定分设中央组织部、中央宣传部、中央工农部等部门。党的六大扩大了中央组织部的权限，明确中央组织部具有制定组织工作政策，对全党组织工作作出决议的职权，并经由党中央批准发布实施。1931年5月1日，中共中央决定废除过去文件的指导方式，建立完善的巡视制度等党内法规，以此来加强对于各级党部的领导，同时制定《中央巡视条例》，规定巡视员的职权是中央对各地党部考察和指导工作的全权代表。[①] 1933年，为提高全党的马克思列宁主义理论水平，中央组织局印发《关于党内教育计划致各级党部的信》，明确要求要在马克思主义研究总会领导下成立研究分会，共同研究马克思列宁主义。中央苏区时期，随着党组织的不断扩大和党员数量的激增，中央组织局先后制定和印发的党内规范性文件包括制度、条例、决议案、决议、训令、决定、指示信、纲要、工作大纲、通告、通知等，对党的组织工作、党员要求、党费收缴、巡视监察、工作报告等作出了明确规定，提升了党的建设质量。

1938年11月6日，党的六届六中全会决定规定："中央各部得指导下级党委各该部门的工作，但关于各种重要问题须经由书记处指导之。""中央各部所拟定之重要文件、大纲及工作条例等，须经书记处批准后才能有效。"[②] 这是党中央第一次明文规定党中央各部可以向全党下级党委同一部门工作作指示。从1940年起，中央组织部曾先后代表党中央多次向全党发出关于党组织工作和党员干部工作的决定和通知。例如，1940年发出《关于审查干部经验的初步总结》《各根据地党

---

① 中央档案馆编：《中共中央文件选集》第七册，中共中央党校出版社1989年版，第50页。
② 中央档案馆编：《中共中央文件选集》第十一册，中共中央党校出版社1991年版，第226、230页。

委组织部的工作条例》《关于对内奸及不良分子的处理办法》《叛徒自首分子及非叛变的自首分子的规定》《对叛徒及填写出狱手续者处理办法的决定》《关于审查党员的补充指示》等。① 1941年10月29日，中央政治局会议讨论并通过《中组部的业务范围的规定》，明确了中组部的任务。明确其职权是：发出带指导性的文件、电报，经中央同意派遣相当于省委及区委委员以上的干部，统一管理中央与各地党部的干部调剂，总政治部在干部工作的政策原则上接受中央组织部之领导。② 同年底，中央组织部认真进行精简机构，从五六十名干部减至13名干部，成为中央机关精兵简政的模范单位。1942年4月，中共中央组织部发出《关于延安几种干部培养和使用的决定》，即根据文化水平和工作经验这一标准有差别地组织干部教育，明确规定：有工作经验但文化水平很低的在职老干部……必须认真学习以提高文化水平；文化水平虽高但没有或很少工作经验的新干部……必须首先参加工作或学习一个很短时间后即去工作。③

（2）中央监察委员会制定的党内法规

1927年党的五大讨论确定了党在危急时期的任务，决定扩大党的中央委员会并建立党的中央和省的监察委员会。1931年11月7日，中华苏维埃共和国临时中央政府在瑞金成立，新政权成立后不久就出现了一些腐败现象：铺张浪费、贪污腐化、以权谋私、官僚主义等。基于这些，苏区高度重视廉政建设。1933年12月，中央工农检察委员会发布号令要求各地工农检察院成立检举委员会，鼓励群众检举。为从源头上

---

① 《陈云年谱》上卷，中央文献出版社2000年版，第288—301页。
② 《陈云年谱》上卷，中央文献出版社2000年版，第332页。
③ 中共中央文献研究室、中央档案馆编：《建党以来重要文献选编（1921—1949）》第十九册，中央文献出版社2011年版，第198页。

杜绝腐败现象的发生，保证工作人员廉洁从政，各级工农检察委员会及时建立健全财政审计制度，并成立审计委员会，依法对各级苏维埃政府的财政收支情况进行监督。1934年初，中央工农检察委员会发布《怎样检举贪污浪费》的指示，发动群众开展检举活动，并将检举结果公布在《红色中华》上。

（3）中央革命军事委员会制定的党内法规

1930年《中国工农红军政治工作暂行条例（草案）》发布，对红军政治工作作出相应规定，对政治委员和政治指导员提出了更高的要求，即在政治纪律、实际工作、服务群众、执行党的任务等方面都应该发挥模范带头作用。1932年8月2日，为避免过去红军在占领城市、搜集反动机关文件物品等工作时的任意行动和破坏物品文件等行为，进而对党的情报工作造成破坏的现象，中革军委发出《关于红军入城纪律的通令》。1933年，中央苏区新增2.5万名新战士，根据中共中央局指示，中革军委发布《扩大红军突击运动的计划》，并明确划分了中央一级机关以及省一级机关扩红突击区域，主要是江西、福建、广东所属各县和中央直属瑞金县。为帮助各区域扩红突击运动迅速落实，中革军委对扩红突击队的相关事项作了明确指示，对红军的发展壮大发挥了重要作用。此外，中革军委在红军经费、物资、药品管理、卫生防疫等方面的工作，也取得了很大成就。

（4）红四军前委制定的党内法规

为在制度上保证党对军队的绝对领导，建设一支无产阶级性质的革命军队，1928年上半年，红四军颁布《党代表工作大纲》，对党代表工作、党代表条件、基本任务、工作方法等作了明确规定，要求党代表要起到模范带头作用，要有高度的责任感和使命感，一切言论和行动听从党的指挥，及时向上级党组织报告有关事项，在实际工作中，坚持一切从实际出发，注重调查研究，把党的路线、方针、政策宣传贯彻落实到位，加强对红军为谁而战的无产阶级革命教育，统一红军思想，增强红军对党的价值认同，同时，做好党团组织建设工作，不断地增强党组织的组织力、号召力、凝聚力和战斗力，使党的路线、方针、政策在红军队伍中能够真正得到贯彻执行。1929年12月，《中国共产党红军第四军第九次代表大会决议案》对劳动妇女工作也作出了相关要求，并指出劳动妇女在革命中的作用，即劳动妇女在政治、经济、婚姻、教育等方面的地位及她们深受剥削和压迫的状况决定了她们对革命的热情，她们的加入将会是决定革命胜败的一个重要支持力量，并进一步指出以后的妇女工作要有切实的、普遍的宣传和动员。

为了激发农民的革命热情，保障农民的切身利益，从而争取更多农民对革命的支持，1931年11月17日，红四军军委发出《关于加强军队纪律问题》的第五十三号通令，就如何对待土豪劣绅和没收的财物等作了详细规定，对违反纪律的，均要以军事纪律处罚。此后，为贯彻执行好群众路线，红四军军委在《三大纪律六项注意》的基础上，进一步制定了全军共同遵循的《三大纪律八项注意》，强调对于侵犯群众利益、破坏纪律的人一定要严办。为巩固党和人民群众的密切联系，1931年底，红四军军委扩大会议通过的《党的建设问题决议案》，要求广大党员干部在日常生活中，要熟悉党的纪律、遵守党的纪律、执行好党的纪律。

（5）中央其他部门制定的党内法规

1931年11月，中华苏维埃共和国临时中央政府成立财政审查委员会，并要求建立地方各级审查委员会，以审查各级苏维埃政府的财政收支情况。1932年8月,中央人民委员会颁布了《财政部暂行组织纲要》。随后,中央财政部又颁布了一系列财务制度,逐步形成了苏区的审计制度体系和独立的工作体系。1933年9月,设立中央审计委员会和地方审计委员会。中央审计委员会成立后,对中央机关和瑞金直属县的财务状况进行了审计,并将审计结果向临时中央政府报告。1933年12月5日在《红色中华》上还披露了部分审计结果。1934年2月公布的《中华苏维埃共和国中央苏维埃组织法》规定中央审计委员会受中央执行委员会领导,与中央人民委员会平级。3天后,中央执行委员会公布了《中华苏维埃共和国中央政府执行委员会审计条例》,第一次以党内法规形式对审计工作的任务、职权与工作程序、方法等作出了明确规定,形成了苏区系统严密的审计制度。财政审计机构的设立,审计制度的健全,使各财政机关彼此分开,相互监督、相互制约,有效防止了经济腐败现象的发生。

通过对中国共产党在新民主主义革命时期中央部委党内法规制度建设的梳理,不难得出这样的结论:中央部委党内法规是中国共产党为了巩固革命根据地政权,以适应当时艰苦的斗争环境,作出的配合中央苏区党内法规制度建设的实践。基于历史考察和文本梳理可以看出,革命时期中央部委党内法规制度建设坚持问题导向和目标导向相结合,是贯彻落实中央党内法规提出的具体行为准则,为党内政治生活规范化提供了制度保障,对全党各级组织和全体党员提出了明确要求,其主要内容是党员教育、纪律建设、组织建设、作风建设、党的领导、工作方法等,保证了新民主主义革命时期党的路线、方针和政策得到有效贯彻落实。

2. 社会主义革命和建设时期的中央部委党内法规制度建设

新中国成立后不久,中共中央就发布了《关于成立中央及各级党的纪律检查委员会的决定》，提出成立各级纪律检查委员会，作为党的专门监督机关。1950年6月，邓小平同志指出："党的纪律检查委员会和政府的监察委员会要建立和加强起来，这是反对官僚主义、命令主义，监督党员遵纪守法的重要武器。"① 1956年《中央监察委员会工作细则》《中央监察委员会关于处分党员的批准权限的具体规定》等文件相继出台，明确中央监察委员会和地方各级监察委员是领导与被领导的工作关系。

为了适应新中国成立初期社会主义建设的需要，中央组织部、中央宣传部以及其他相关部门相继出台了数量众多的干部思想政治教育政策文件，保证了党的干部思想政治教育培训工作的顺利进行。如先后出台了《中共中央组织部关于干部鉴定工作的规定》《中共中央组织部关于干部评级问题的意见》《中共中央组织部、宣传部关于设置和培养专职理论教员实施办法的通知》《中共中央宣传部关于文教干部管理工作中若干具体问题的暂行规定》《中央宣传部关于在中级以上党校和高等院校设立社会主义教育课程的报告》等。

1951年3—4月，第一次全国组织工作会议在北京召开，会议通过了《关于发展新党员的决议》，决议指出："一方面，老区和某些新区党的基层组织，必须暂时停止发展，加以整顿；另一方面，在土地改革已经完成的新区和城市工厂、企业和学校中，又已经在斗争中涌现与锻炼出了大批积极分子，其中很多人要求入党，党也需要从他们中接收党员。同时，又必须严防各种坏分子钻到党内来。"② 1951年5月，在北

---

① 《邓小平文选》第一卷，人民出版社1994年版，第160页。
② 中共中央文献研究室编：《建国以来重要文献选编》第二册，中央文献出版社1992年版，第213页。

京召开的中共中央宣传工作会议强调:"应当在1951年和1952年两年内把省市级以上的党校都建立起来,然后再建立地委的党校。"① 1953年9月,第二次全国组织工作会议再次强调要推动党校工作逐步走向正规化。随后,各级党校纷纷响应号召,扩大办学规模,提高教学质量,完善教材建设,建立党员干部教育轮训制度等。1959年1月,中国人民解放军总政治部颁布《关于在干部中普及中等教育和高等教育的指示》,提出了关于军队中干部思想政治教育的原则、教学组织形式、领导体制等方面的规定。1960年,为做好全军思想政治教育工作,中央军委通过了《关于加强军队思想政治工作的决议》,明确了军队思想政治工作的基本内容和工作重点,对部队党委、党支部、政委、政治指导员做好政治思想工作提出了相关要求。1960年10月,中央军委召开扩大会议通过了《关于加强军队政治思想工作的决议》,指出了干部政治思想教育工作的重要性,认为军队中具有一定文化程度的干部"要有目的地研究马克思列宁主义的理论,要使马克思列宁主义的理论和中国革命的实际运动结合起来"②,彻底肃清现代修正主义思想的影响。1961年,在全国组织工作会议上,中央组织部向中央提出重新恢复组织员制度的建议。

中央高级党校在1959年6月向中共中央提交的《高级党校关于今后工作任务的报告》中,具体说明了今后在招生方针和学习时间、班次设置、机构和编制等方面的计划。1959年7月,中央同意并批转了该报告。在中央指示和报告精神的指导下,中央高级党校在社会主义革

---

① 冯俊:《干部教育培训改革与创新研究》,人民出版社2011年版,第662页。
② 中共中央文献研究室编:《建国以来重要文献选编》第十三册,中央文献出版社1996版,第753页。

命和建设时期党的理论干部的培养上发挥了重大作用。

"文化大革命"开始时,在"五四年宪法"已经制定并施行12年、人民代表大会制度已经运行12年的情况下,国家机关的工作受到冲击,以党代法、以言代法情况严重,党内法规建设遭到破坏。"文化大革命"结束后,为继续保持中国共产党与民主党派"长期共存、互相监督、肝胆相照、荣辱与共"的工作方针,1977年10月15日,中共中央转批了中央统战部《关于爱国民主党派开展活动问题的请示报告》,建议民主党派着手恢复组织,没有主要负责人的民主党派,可先组织临时领导班子主持工作,然后逐步健全领导机构。

3. 改革开放和社会主义现代化建设新时期的中央部委党内法规制度建设

为禁止拉关系、走后门、铺张浪费等不正之风,1979年7月3日,中纪委发布《关于不准干扰大学毕业生分配工作的通报》。1979年8月31日,中纪委发布《关于严防干部侵占农村社员劳动所得,用来大吃大喝,请客送礼的不正之风的通告》。1980年2月,中纪委制定《关于改变省、市、自治区及以下各级党委纪委领导关系的请示报告》,明确各级纪委受同级党委和上级纪委双重领导,以同级党委领导为主等规定。

1980年7月2日,财政部发布了《关于财政监察工作的几项规定》,明确财政监察机构的任务是:监督检查国家机关、团体、企事业单位贯彻执行财政政策、法令和制度的情况和存在的问题,监督检查财政、财务和有关人员遵守财政政策、法令和制度的情况和存在的问题,受理和检查有关破坏财政制度、违反财经纪律,以及因坚持财政制度而遭受打击报复的案件。

为保护检举人、控告人的人身权利、民主权利和依法上访权利不受侵害，1984年11月17日，中纪委发布《认真做好群众来访来信的通知》强调指出：严禁任何组织和个人将检举信、控告信转给被检举人、被指控人处理，也不能擅自对写信人进行追查；同时，对提供伪证、捏造事实、诬告陷害的来访来信，以事实为依据，说明真相，澄清是非。

1988年9月20日，监察部会议通过了《监察部处理电话举报暂行办法》，提出对电话举报内容进行处理的几条要求。1988年的中纪委三次会议提出应该形成统一的监督体系，"建立必要的联系制度，发挥监督机制的整体效能"[①]。1990年，中央纪委通过的《关于加强党风和廉政建设的意见》指出，要发挥各检查监督机关应有的监督威力，形成监督合力，"必须在党委和政府的统一领导下，由有关职能机关组成协调小组，建立联席会议制度"[②]。实践证明，纪检机关要加强同其他监督机关的配合，建立健全联席会议制度，以此来提高党内监督的质量和效率。例如，1995年在确定全年反腐败工作的任务时，中纪委就明确指出，要加强纪检与审计、司法、监察、海关、税务、工商等执法执纪部门的联系与协作，更要进一步"加强纪检监督同司法机关、行政执法机关、组织人事部门之间的协调配合，加强案件审理工作，提高办案效率和质量"[③]。

[①] 《中国共产党历次党章汇编（1921—2002）》，中国方正出版社2006年版，第380—381页。

[②] 中共中央文献研究室编：《十三大以来重要文献选编》中，人民出版社1991年版，第669页。

[③] 中共中央文献研究室编：《十四大以来重要文献选编》中，中央文献出版社1997年版，第205—206页。

1993年1月7日，中纪委和监察部向中共中央、国务院提出了合署办公和机构设置有关问题的请示。2月22日，中共中央、国务院转批了该请示，并于1993年5月发布了《中共中央纪律检查委员会、监察部关于中央直属机关和中央国家机关纪检、监察机构设置的意见》，整合了纪检监察资源，避免了工作上的交叉和重复，有利于形成做好纪检工作的合力。2001年10月18日，监察部、国务院法制办、国务院体改办、中央编办发布《关于行政审批制度改革工作的实施意见》，对行政审批制度改革的指导思想、重要意义、总体要求、基本原则和实施步骤等作了原则性说明。

2003年8月26日，中纪委、监察部、审计署联合发布《关于纪检监察机关和审计机关在查处案件中相互协作配合的通知》，对纪检监察机关与审计机关之间如何相互协调和配合作出了明确规定。

2005年8月24日，中央纪委、监察部印发的《关于中纪委、监察部派驻纪检、监察机构统一管理的实施意见》，将中央纪委派驻其他部门的10个纪检组的领导体制由中央纪委和所驻部门党组双重领导改为中央纪委直接领导。2005年12月，《中共中央纪律检查委员会、中共中央组织部关于对党员领导干部进行诫勉谈话和函询的暂行办法》和《中共中央纪律检查委员会、中共中央组织部关于对党员领导干部进行述职述廉的暂行规定》发布施行。2007年颁布施行《地方党委委员、纪委委员开展党内询问和质询办法试行》。

4. 中国特色社会主义新时代的中央部委党内法规制度建设

党的十八大以来，以习近平同志为核心的党中央坚持思想建党和制度治党紧密结合，重视发挥法规制度的基础性、保障性作用，出台一大批标志性、关键性、引领性的党内法规，推动党内法规制度建设取得重大进展，进入了科学化、规范化、全面化、立体化的快车道，与此相适应，中央部委党内法规建设也取得了相应的历史性成就。

2012年以来，为了推动党内法规的规范发展，我们党也相继出台了一系列关于党内法规制定和备案方面的文件，如《中国共产党党内法规制定条例》《中国共产党党内法规和规范性文件备案规定》等，2015年8月，中央批准建立中央党内法规工作联席会议制度。联席会议制度是由14家主要的中央党内法规相关工作机构组成，包括中央纪委、中央组织部、中央宣传部、国家最高法和最高检、中央政法委等。

2016年6月，中共中央办公厅、国务院办公厅印发了《关于推行法律顾问制度和公职律师公司律师制度的意见》。截至2017年底，中央和国家机关各部委、县级以上地方各级党政机关已普遍设立法律顾问、公职律师。2016年12月，中共中央办公厅、国务院办公厅印发了《党政主要负责人履行推进法治建设第一责任人职责规定》。其中第五条明确规定，党委主要负责人在推进法治建设中应当坚持全面从严治党、依规治党，加强党内法规制度建设，提高党内法规制度执行力。2016年，中共中央办公厅、国务院办公厅印发了《脱贫攻坚责任制实施办法》，其中明确规定不脱贫不调整、不摘帽不调离。

为了规范中国共产党巡视工作、强化党内监督，2015年8月3日《中国共产党巡视工作条例》由中央纪委会同中央组织部联合发布，自2015年8月3日起实施。2017年7月1日，印发《中共中央关于修改〈中国共产党巡视工作条例〉的决定》，自2017年7月10日起施行。

2017年1月，为强化自我约束、规范监督执纪，打造忠诚干净担当的纪检监察干部队伍，中央纪委制定了《中国共产党纪律检查机关监督执纪工作规则（试行）》。2019年，中共中央办公厅印发了《中国共产党纪律检查机关监督执纪工作规则》，并要求各地区各部门认真遵照执行。

总之，进入新时代，中国共产党坚持党要管党、全面从严治党，高度重视党内法规制度建设，中央各部委制定法规的力度也明显加大，覆盖范围广、更加科学和规范，呈现出良好发展的态势。在党中央集中统一领导下，中央纪委、中央各部门在其职责范围内，配合中央层面党内法规制度建设，立足本领域本系统的党内法规制定的职责权限，相继出台一系列中央部委党内法规，促进了党内法规制度建设的全面发展。

（二）中央部委党内法规建设的成就和存在的问题

1. 中央部委党内法规建设的成就

党的十八大以来，在党中央集中统一领导下，中央纪委、中央各部门在制定中央部委党内法规进程中，覆盖范围广，规范了"条"层面上的相关重要问题，切实发挥了上承中央、下启地方的作用。目前，现行有效部委党内法规约240部，可谓是立足一域、量身定制，面向全党、规范有效，是党内生活必须遵循的重要法规制度。

2. 中央部委党内法规建设在实践中存在的问题

《中国共产党党内法规制定条例》明确了各个层级党内法规的制定主体，规定中央纪律检查委员会、中央各部门就其职权范围内制定党内法规有关事项。但在实践中出现的一些问题值得研究。

（1）中央纪委及其机关在党内法规制定中的交叉现象

中央纪委作为牵头或主要起草单位，协助中央制定了《中国共产党党内监督条例》《中国共产党纪律处分条例》等多部中央党内法规，并由中共中央授权其对条例条文负责解释。问题是中央纪委机关或工作机构是否具有党内法规制定权。党的十九大党章修正案规定党内各级纪律检查委员会是党内监督专责机关,这就明确了纪委与纪委机关的不同。而在实践中,中央纪委机关或内设机构曾印发或牵头印发过一些以党内法规形式的文件,这是否符合制定权限。又如国家机构改革前,中央编办将"中央纪律检查委员会机关"列入"党中央部门机构",那么中央纪委机关是否是党中央部门,如果是,就有制定中央部委党内法规权限,但却不符合《中国共产党党内法规制定条例》中制定主体的规定。此外,中央纪委办公厅和法规室还曾就中央党内法规和纪检党内法规相关条文、关联适用法规等进行认定,并以"答复"的形式作出相当于党内法规的解释,这是否符合相关规定。从《中国共产党党内法规制定程序暂行条例》和《中国共产党党内法规制定条例》这两个条例上来看,不论中央纪委机关还是特定的内设机构,都不属于党内法规制定主体,所以中央纪委不能将中央党内法规规定的解释权向其机关和内设机构进行授权和负责解释,中央纪委机关和内设机构可以承担解释文件的起草等具体工作。

(2)"中央各部门"的具体范围有待进一步细化

《中国共产党党内法规制定条例》对中央各部门的规定也未十分明确指代的具体部门。在 2017 年 3 月《中国共产党工作机关条例(试行)》施行前,党的领导机关(构)、工作机关(构)、工作部门等交替出现在党的各类文件中,三者之间是什么关系及与中央各部门的关系不够明确。党和国家机构改革前,党中央部门机构分为党中央各部门和党中央直属事业单位两类,2018 年制定的《深化党和国家机构改革方案》则采用党中央机构概称上述部门。关于中央各部门的认定在实践中存在争议,如《中国共产党工作机关条例(试行)》中的中央工作机关与《中国共产党党内法规制定条例》中的中央各部门是否相一致,如果一致,那都属于中央部委党内法规制定主体;如果不一致,又有哪些中央工作机关不属于中央各部门。同时,中央直属事业单位作为参照《中国共产党工作机关条例(试行)》执行的单位,又是否属于中央各部门。又如中纪委是属于党中央部门,还是属于党的中央组织,抑或自成一体。对此问题,存在一些争议,有的认为是中央组织,也有的认为是党中央部门,有必要对此明确认定,因为这直接关系到其制定党内法规的效力和地位。

(3) 上下衔接还有待进一步协调

党的十八届四中全会明确提出:要加强党内法规制度建设,逐步健全和完善党内法规制定体制机制,形成配套完备的党内法规制度体系。党内法规分为三个层级,效力和地位不大相同,从党内法规建设发展过程来看,由于制定党内法规主体的多元化以及制度存在的局限性,使党内法规同其他法律规范一样,在适用过程中也会出现不协调、不一致,甚至出现相互冲突的现象。从《中国共产党党内法规制定条例》的相关规定来看,现行的党内法规存在着不同位阶党内法规间的冲突,即层级之间的冲突;也存在着同一位阶党内法规间的冲突,即相关内容的冲突。

(三) 中央部委党内法规建设总的要求和方向

1. 遵循"上位优先"规则

《中国共产党党内法规制定条例》第二十五条从三个角度明确了党内法规的效力等级及冲突适用规则。第一,确立了党章在党内法规体系中的最根本地位和拥有最高效力,是母法和上位法,其他任何党内法规制定依据都要严格遵守党章的规定,不得与党章内容相背离。第二,从效力层面上来看,中央党内法规的效力高于中央部委党内法规和地方党内法规的效力。第三,地方党内法规不能与中央党内法规和中央部委党内法规相抵触。根据不同位阶党内法规的效力等级,可将党内法规的效力由高到低排序为:中央党内法规、中央部委党内法规、地方党内法规。当党内法规间发生层级冲突时,应遵循"上位法优于下位法"的冲突解决规则,优先适用党章等效力等级最高的党内法规。

2. 密切配合中央,有效衔接地方

做好党内法规有效衔接,密切配合中央党内法规,发挥中央部委党内法规的作用,对于党内法规制度体系建设具有重要意义。现行中央党内法规和中央部委党内法规(不含规范性文件)有几十部,以党章、准则、条例、规定、办法、规则、细则等形式出现,并涉及党内生活方方面面的内容,如组织法规、纪律法规、领导法规、监督法规等。在位阶上,实现了全覆盖。党的中央纪律检查委员会制定的党内法规,在名称方面称为条例、规则、规定、办法或细则,应当严格遵守党章,不能违背宪法、法律,以及不能同中央党内法规相抵触等。根据《中国共产党党内法规制定条例》的规定,中央部委党内法规,对党的有关方面重要工作或事项作出规定,名称只能称为规则、规定、办法或细则,在行使党内立规权时,都要受到备案审查和责令改正与撤销等监督机制的约束。此外,中央部委党内法规在指导地方党内法规建设方面也要提供必要的指导,以免发生冲突和不一致、不协调的现象,特别是要防止违反党章、中央党内法规以及党的路线、方针、政策等相应规定。

3. 服务于全面从严治党战略布局

党的十八大以来,以习近平同志为核心的党中央坚持思想建党和制度治党同向发力,坚决惩治腐败,把权力关进制度的笼子里,坚持用制度管权、管人、管事,逐渐形成不想腐、不能腐、不敢腐的体制和机制,反腐败斗争取得压倒性优势。服务于全面从严治党战略布局,中央部委党内法规建设从制度层面上配合党中央重大战略部署和中央党内法规相应配套和实际运用,在党内生活中尤其是在加强党的长期执政能力建设,保持党的先进性、纯洁性等方面发挥了重要作用,有利于党内的团结统一和更好地加强党的全面领导。

三、地方层面党内法规上下贯通落地落实

地方层面党内法规即省、自治区、直辖市党委党内法规。这类党内法规效力位阶较低,主要规定两方面的内容:一是各省级党委为执行党中央指令制定具体规定;二是对本辖区内开展的党内具体事项或者某一方面作出的系统规划,相当于法律体系中的规章。此类党内法规制定的目的在于对中央党内法规和中央部委党内法规的细化和更好的落实和执行。地方党内法规是除了中央党内法规、中央部委党内法规,党内法规体系的又一重要组成部分,一般以省(自治区、直辖市)党委文件、党委办公厅文件形式发布。

(一)地方党内法规建设的百年发展变迁

1. 新民主主义革命时期的地方党内法规制度建设

中国共产党在中央苏区、鄂豫皖苏区、湘鄂赣苏区、湘鄂西苏区等地区进行早期廉政建设,依据马克思列宁主义原理结合各个地区的实际

制定了相应的党内法规。在党的各根据地初创时期，由于当时的历史条件，受各种主客观因素影响，当时党的组织还不健全，民主集中制还不能很好地贯彻执行，容易出现个人特别是党内"一把手"独断专行的现象。为认真贯彻执行党的民主集中制精神，湘赣边界党委要求各级党的机关，建立健全组织，扩大党内民主，反对个人独断专行，提出各级党部委员及书记应尽量用选举办法产生。湘赣边界党委特别强调党的铁的纪律，对于所发生的各种腐败现象，严加惩处，绝不姑息。

1938年5月，陕甘宁边区党委发布《关于提高警惕应付挑拨及破坏边区事件与友党友军关系的指示》，明确规定：各级工作人员如以权谋得两份农贷赈款，应当分别处置或开除其工作，并在民众中公布之，凡是曾经贪污了的工作人员，必须分别轻重，适当给予处罚。为了有效配合陕甘宁边区政府法律的施行，杜绝党员干部发生以权谋私的现象，1938年8月，《陕甘宁边区政府惩治贪污暂行条例》颁布，列出了贪污罪的各种行为和惩罚标准，有效地保证了党内的风清气正。

为了防止党员干部在生活上出现腐败现象，有必要从制度上规范党员干部生活标准。1942年7月《西北局工作人员待遇的规定草案》规定了工作人员吃的米、肉、菜、面、油的具体数量、来客吃饭的标准、日常用品的供给量等。1943年2月，中共西北局作出《关于公营商店及财经部门驻各地机关中党的工作管理的决定》，规定了党的机关工作人员的供给标准，专门约束银行、税务局、贸易局、盐业公司、工厂及其他营业性质的公司中的党员干部不得有腐败行为。

2. 社会主义革命和建设时期的地方党内法规制度建设

新中国成立后，中国共产党在领导全国人民进行社会主义革命和建设的进程中，为了保持党的先进性和纯洁性，营造良好的党内政治生态，党内法规建设越发显得重要。同这一时期相对应的地方党内法规与中央党内法规和中央部委党内法规遥相呼应，并与这一时期党的全国和地方各项工作和重点任务相联系，对党和国家事业的发展产生了深远影响。

3. 改革开放和社会主义现代化建设新时期的地方党内法规制度建设

改革开放以来地方法治实践的逻辑以及地方法治建设的现象表明，以中央为视角探讨地方法治的兴起及建构逻辑，地方"试错"是国家法治推进与实现的基本策略；以地方为视角探讨地方法治的兴起及建构逻辑，地方之间的竞争就是地方法治发展的动力源泉。① 1978 年 12 月，邓小平同志在《解放思想，实事求是，团结一致向前看》一文中指出，"现在立法的工作量很大，人力很不够，因此，法律条文开始可以粗一点，逐步完善。有的法规地方可以先试搞，然后经过总结提高，制定全国通行的法律。修改补充法律，成熟一条就修改补充一条，不要等待'成套设备'。总之，有比没有好，快搞比慢搞好"②。

4. 中国特色社会主义新时代的地方党内法规制度建设

党的十八大以来，推进基层治理法治化，成为新时代全面依法治国的基本要求。党中央对新时代事关地方法治建设作了顶层设计，深刻指出制定科学的符合地方实际的地方党内法规的重要意义，并就中央与地方关系法治化方面进行了安排和部署，既强调顶层设计又注重实践探

---

① 付子堂、张善根：《地方法治实践的动力机制及其反思》，《浙江大学学报》（人文社会科学版）2016 年第 4 期。
② 《邓小平文选》第二卷，人民出版社 1994 年版，第 147 页。

索,既抓全面又要顾及重点。党的十九大也强调了党内法规制度体系建设,贯彻落实党的十九大精神,把制度建设贯穿党的政治建设、思想建设、组织建设、作风建设、纪律建设,"加快形成覆盖党的领导和党的建设各方面的党内法规制度体系"①。2018年2月,中共中央印发《中央党内法规制定工作第二个五年规划(2018—2022年)》明确指出:到建党100周年时形成比较完善的党内法规制度体系,抓好党内法规贯彻落实既是党中央关于推进法治建设的要求,也是党中央关于地方党委工作的新要求。地方党委要有高度的政治责任感,推动地方党内法规制度体系不断完善、丰富和发展,适应党内法规建设形势的客观需要。

(二) 地方党内法规建设的现状和问题

1. 地方党内法规建设的现状

地方党内法规,在不同历史时期、历史阶段,保证了中央重大决策部署、管党治党依规治党要求在地方的落实,目前有效的地方党内法规有3700多部,占党内法规数量的90%,在党内法规体系中占绝对优势。按照《中国共产党党内法规制定条例》相关规定和党中央要求,地方党委作为地方党内法规的制定主体,应统筹谋划、积极推进、认真抓好本地区党内法规制度建设。

2. 地方党内法规建设面临的问题

贯彻落实习近平总书记制度治党、依规治党要求,聚焦"到建党100周年时,形成比较完善的党内法规制度体系、高效的党内法规制度

---

① 封丽霞:《认真对待地方法治——以地方立法在国家法治建设中的功能定位为视角》,《地方立法研究》2016年第1期。

实施体系、有力的党内法规制度建设保障体系,党依据党内法规管党治党的能力和水平显著提高"① 这一目标要求,近年来党内法规制度建设已取得巨大成就,中央、部委、地方各层面法规制度建设上下贯通、统筹推进、协同发展,相对系统的党内法规体系逐渐形成和完善。但与中央党内法规和中央部委党内法规相比,地方在党内法规理论支撑、运行机制、建设体制、机构设置建设等方面存在不足。

(1) 数量相对充足,重点制度规范不足

党的十八大以来,党内法规建设取得重大成就,党内法规体系更加完善。截至 2018 年 8 月底,现行有效的党内法规约 4200 部,其中规则、规定、办法、细则超过 4100 部。地方党委作为立规主体的党内法规约 3700 部,约占现行有效法规总量的 90%。② 但从地方层面看,党的监督制度、组织制度等相对较多,而领导法规、自身建设法规等制度相对较少,与新时代党的建设总要求以及思想建党、制度建党同向发力还有一定差距。

(2) 制度框架形成,但体系化尚待提升

新时代的党内法规建设应当总体规划、统筹推进,"既要注意体现党章的基本原则和精神,符合国家法律法规,也要同其他方面法规制度相衔接,提升法规制度整体效应"③。这既是制度体系化的形式标准,也是法规制度建设的内在要求。由此,党内法规是否成体系的判断标准可以概括为"三个一致":不同层级法规之间协调一致、各相关法规之间协调一致、党内法规与外部规范系统之间协调一致。根据以上标准衡

---

① 《中共中央印发〈关于加强党内法规制度建设的意见〉》,《人民日报》2017 年 6 月 26 日。
② 宋功德:《全方位推进党内法规制度体系建设》,《人民日报》2018 年 9 月 27 日。
③ 《加强反腐倡廉法规制度建设 让法规制度的力量充分释放》,《人民日报》2015 年 6 月 28 日。

量，目前党内法规建设仍存在三个问题：一是有的中央党内法规和中央部委党内法规未能根据党建形势的变化进行修改完善，不利于地方党内法规有效衔接；二是有些中央党内法规和中央部委党内法规基础主干法规仍未制定和完善，导致地方配套党内法规无所依托，影响地方党内法规建设步伐；三是还存在相关地方党内法规缺位、基础性法规不足和与中央层级党内法规之间和国家法之间时有冲突、衔接不畅等问题。

（3）效力层级清晰，但配套衔接还不完善

在《中国共产党党内法规制定条例》的规范之下，党内法规在效力层级上依次是党章、准则、条例、规则、规定、办法、细则，地方党内法规权限仅止于规则、规定、办法、细则，而且主要是配套和衔接中央和中央部委党内法规，以及结合地方实际情况先行先试立规，效力层级是党内法规最低的，不能与中央和中央部委党内法规相冲突。从法理上来讲，党内法规制度体系应当是完备而高效的，中央、中央部委和地方党内法规构成了完整的党内法规制度体系，在实践中，为党政机关、企事业单位的运转提供了基本遵循，即有法可依、有章可循。地方党委作为地方党内法规制定主体，在党内法规建设中应做到凡是中央要求的，地方都要严格落实；凡是中央禁止的，地方都不能触碰；凡是中央要求制定配套法规的，地方应及时启动立规机制，密切配合中央，严格按照中央党内法规建设要求，出台相应配套的地方党内法规。在地方党内法规建设实践中，地方党内法规建设步伐很难跟上中央党内法规建设的节奏；同时，中央相应党内法规没有出台的，地方党内法规建设先行先试就缺少依据，也就无从探索和突破。有些地方党内法规停留在倡导层面，缺乏可操作性，在某种程度上存在上下一般粗、左右不协调等问题。这就导致地方性党内法规多以规范性文件的形式出现，虽然数量多、涉及面广,但作用发挥和有效衔接不够,影响到效力层级的科学性,也影响了制度的执行力。

(4) 党内法规完善,但执行中问题较多

总体而言,现行党内法规制度体系是比较完善的,从党内法规的性质、制定和实施机制来看,所发挥的作用也是明显的,但在制度执行中也面临一些实际问题。从执行主体看,存在法治意识不强、动力不足、制度理解偏差的问题,有些党政领导干部习惯于领导意志、上级指示,习惯于权力本位,依规治党意识不足,人治色彩偏浓,不能深刻领会制度的根本性、强制性、管长远属性,进而在制度执行上,要么不执行、象征性执行,要么选择性执行、机械性执行,没有真正发挥出制度的威力,即表面上、口头上讲制度,实际上把制度挂在墙上、放在抽屉里,在执行党内法规时不能正确把握制度,存在片面理解、机械性理解,甚至断章取义的现象,对自身有利的就积极落实,对自身无利的则忽略而过。

(三) 地方党内法规建设的总体要求和基本原则

1. 总体要求

(1) 必须遵循渐进性规律

党内法规是用来解决实际问题的,不是为制定而制定,也不是无的放矢。作风建设永远在路上决定了党内法规建设永远在路上,因此,一定要与时俱进,适应党和国家事业发展的形势,在各领域、各层级、各方面不断地向前推进和完善。在中央的部署和领导下,地方党内法规建设要关注三方面内容:第一,要加强顶层设计,在立法规划、内容、制定、实施上下功夫;第二,紧紧围绕中央关于"1+4"的体系化建设重点,明确地方党内法规建设的重点任务,结合实际情况积极进行地方配套法规建设；第三，通过科学规范的制度设计明确执规责任主体，把执规责任扛起来，不断地提升党内法规制度的执行力。此外，要增强纪法观念，加大法治宣传教育，对制度执行情况要适时做好监督检查，对落实制度不力、不严的责任人加大责任追究力度，从而强化制度权威，不断地提升制度的执行力。

（2）坚持一体化建设和共同推进的要求

推进地方党内法规建设是一个系统工程，需要各方面的努力，应全盘考量，要立足党内法规建设全局，从党的建设质量提升和执政兴国的高度进行谋划和推进，在实现中华民族伟大复兴的历史进程中，党既要领导推进全面依法治国，也要坚持依法依规治党。从党内法规制定来看，地方的配套党内法规建设实质也是执行和落实中央党内法规、中央部委党内法规建设的地方性实践和实际运用，地方党内法规建设始终按照中央制度治党、依规治党的顶层设计，始终坚持党治国理政的实践要求，把党中央精神和中央层级的党内法规要求贯彻落实到地方。

（3）合理借鉴国家法治建设的经验

党的十八届四中全会把党内法规体系纳入中国特色社会主义法治体系建设的轨道，开启了全面依规治党的新征程。2017年6月，中共中央印发《关于加强党内法规制度建设的意见》又明确将党内法规制度建设范畴扩展为三大体系，即完善的党内法规制度体系、高效的党内法规制度实施体系、有力的党内法规制度建设保障体系，党内法规制度建设进入一个新的阶段。从法理上来讲，国家法律与党内法规相辅相成、并行不悖，党内法规为国家法律的实施提供了重要保障。近年来，随着各种党内法规的出台，从理论层面上看，党内法规建设秉承的就是法治原则，是在中国特色社会主义法律体系范围内进行制定和实施的。从实践层面上看，依规治党、制度治党都是依法治国的题中应有之义。因此，党内法规建设要充分吸收国家法律建设的宝贵经验，合理借鉴国家法律建设的相关程序和机制，这对于党内法规建设目标的实现，有着重大的现实意义，对地方而言尤其如此。

2. 地方党内法规建设的基本原则

党内法规的第一属性是政治性，这就决定了新时代党内法规建设要把政治标准放在首位。就地方党内法规建设而言，地方的第一责任是严守政治建设要求，紧密结合地方实际，全面推进全面从严治党向基层延伸，不断地增强地方党组织依法执政本领。新时代党内法规制度建设要不断地提高建设质量，体现系统性、整体性、协同性。中央、中央部委和地方党内法规建设是党内法规体系建设的三大板块，目标既相一致，又各司其职。地方党内法规建设除了不得与中央、中央部委党内法规相冲突，也不能违背宪法和法律，也要与地方性法规、规章相协调和相统一，这就要求地方要建立健全完善党内法规和规范性文件备案审查制度，审查其是否正当、合法和有效，地方党内法规建设要以科学、民主、规范、稳步为基本遵循，不断地提高建设质量。

当前，地方党内法规建设的重点应放在与中央层面党内法规有效衔接、科学配套、协调并进和贯彻落实上，应充分发挥好基础主干法规作用，更好地服务于新时代党的建设总要求，推进全面从严治党向纵深延伸，不断地提高党的建设质量，从而更好地加强党的领导和巩固党的长期执政基础。同时，新时代推进地方党内法规建设向前推进，应当加强法治文化建设，通过法治文化建设，增强党员领导干部的法治观念，从而使其在党内政治生活中形成尊崇党章和党内法规的思想自觉和行动自觉，逐渐养成依法依规办事的思维习惯。

第四章

整体推进各领域党内法规制度建设

党内法规体系，是以党章为根本，以民主集中制为核心，以准则、条例等中央党内法规为主干，由各领域各层级党内法规组成的有机统一体。《中共中央关于加强党内法规制度建设的意见》依据调整对象的不同，将党内法规体系的基本框架概括为"1+4"，即在党章之下，分为党的组织法规、党的领导法规、党的自身建设法规、党的监督保障法规四大板块。与"党内法规"这一静态的规章制度概念不同，"党内法规制度建设"是一个内涵丰富的概念，既是一个动态的过程，也是一个系统的工程。整体推进各领域党内法规制度建设，是党内法规制度建设的题中应有之义。

一、党的组织法规不断完善

党的组织法规，是指全面规范中国共产党各级各类组织的产生、组成、职权职责等内容的党内法规，旨在为管党治党、执政治国提供组织制度基础。在中国共产党百年发展历程中，党的组织法规从初创、建立、完善到发展，经历了一个不断发展变迁的过程，取得了显著成就。

（一）党的组织法规建设的历史变革

中国共产党成立后，党的组织法规建设在新民主主义革命时期、社会主义革命和建设时期、改革开放和社会主义现代化建设新时期、中国特色社会主义新时代各历史时期不断推进，实现了从无到有、不断健全完善的历史变革。

1. 新民主主义革命时期党的组织法规建设

新民主主义革命时期，党的组织法规建设初创起步。中国共产党确立了民主集中制、完善了中央领导机构、创立了党的工作部门，通过明确的规章制度固定了党的组织结构、党组织的行为、党组织内部的各种关系，通过组织法规对党的组织原则进行细化，从而增强了党的凝聚力和战斗力，为党的长远发展奠定了良好的基础。中国共产党成立之初，特别重视从组织上解决生存和发展的问题，在这一时期，有关组织法规性质的文件有几十个，主要包括：《关于共产党的组织章程决议案》（1922年）、《中共中央执行委员会组织法》（1923年）、《党内组织及宣传教育问题议决案》（1924年）、《中央通告第二十一号》（1924年）、《中央通告第五十三号》（1925年）、《对于组织问题之议决案》（1925年）、《中央组织部通告第二号》（1926年）、《关于三省党务议决案》（1926年）、《支部的组织及其进行的计划》（1926年）、《组织问题议决案》（1927年）、《党的组织问题议决案》（1927年）、《最近组织问题的重要任务议决案》（1927年）、《中央通告第十七号》（1927年）、《中央通告第二十号》（1927年）、《中央通告第三十二号》（1928年）、《中央通告第四十七号》（1928年）、《苏维埃政权的组织问题决议案》（1928年）、《关于组织问题草案之决议》（1928年）、《中央通告第七号》（1928年）、《组织问题决议案》（1929年）、《中央通告第四十四号》（1929年）、《目前政治形势与党的组织任务》（1930年）、《组织问题决议案》（1930年）、《中国共产党的最近组织任务》（1930年）、《关于发展党的组织决议案》（1931年）、《全国组织报告的决议案》（1931年）、《苏区中央局关于巩固党的组织与领导的决议》（1933年）、《中央组织局给苏区各级党部的指示信》（1933年）、《中央组织部关于改编后党及政治机关的组织的决定》（1937年）、《中央关于恢复党籍、重新入党的第一次通知》（1937年）、《中央关于征收党费的通知》（1938年）、《中央关于组织青委会的决定》（1938年）、《中央关于恢复党籍、重新入党的第二次通知》（1938年）、《中央宣传部关于充实和健全各级宣传部门的组织及工作的决定》（1940年）、《关于根据地各级青委组织与工作暂行条例》（1942年）、《关于根据地各级妇委组织工作条例》（1942年）、《中共中央关于统一抗日根据地党的领导及调整各组织间关系的决定》（1942年）、《中共中央关于共产主义青年团员团龄及转党问题的指示》（1942年）、《中共第七次全国代表大会选举新的中央委员会的条例》（1945年）、《中央关于革命军人入党办法的规定》（1948年）、《中央关于中央法律委员会任务与组织的决定》（1948年）、《中央组织部关于入党成份的解释与规定》（1949年）。中国共产党制定的有关组织的法规集中出现在大革命时期和全面抗战时期，可以看出，党内法规已经成为党在新民主主义革命实践中应对复杂局面、规范全党行为的重要工具。

中国共产党成立后，也注重规范党员个体行为，制定了规范个体行为的相应法规。这一时期有关党员和党的干部的法规有11个，分别是：《关于党员入政界的决议案》（1923年）、《中央通告第七十三号》（1930年）、《中央关于干部问题决议案》（1931年）、《中央关于大量发展党员的决议》（1938年）、《中央关于干部学习的指示》（1940年）、《中央关于审查干部问题的指示》（1940年）、《中共中央书记处关于党员参加经济和技术工作的决定》（1941年）、《中央关于地方及军队中各级党部取消、改正与停止党员处分手续的决定》（1941年）、《中央关于过去履行出狱手续者（填写悔过书声明脱党反共）暂行处理办法》（1941年）、《中央军委对军队老干部工作的指示》（1941年）、《中共中央关于审查干部的决定》（1943年）。由于中国共产党当时是革命政党，因此这类党内法规主要规范的是党员和党的干部在政治上的行为。

2. 社会主义革命和建设时期党的组织法规建设

社会主义革命和建设时期，党的组织法规逐步建立和完善。这一时期，中国共产党加强了基层党组织的建设，强化了对基层党支部建设的分类指导。1961年9月，中共中央发布《关于轮训干部的决定》，健全了干部轮训制度。1962年9月，党的八届十中全会通过《关于有计划有步骤地交流各级党政主要领导干部的决定》，建立了定期交流干部制度。同年，又颁布了《中国共产党农村基层组织工作条例试行草案》《中国共产党国营工业企业基层组织工作条例试行草案》《中国共产党商业企业基层组织工作条例试行草案》。

3. 改革开放和社会主义现代化建设新时期党的组织法规建设

改革开放和社会主义现代化建设新时期，党的组织法规不断完善。这一时期，为了适应改革开放和社会主义现代化建设需要，中国共产党加强自身建设，不断完善党内法规，不断规范对基层党组织和党员的管理。

一是明确了基层党组织的产生和运行机制。1985年2月，中共中央组织部发布《关于党的地方各级代表大会若干具体问题的暂行规定》，对党的代表大会、代表大会主席团、委员会委员和候补委员、纪律检查委员会、选举办法等都作了规定，建立了党代表常任制。1988年3月，中组部制定了《关于党的省、自治区、直辖市代表大会实行差额选举的暂行办法》，规定了候选人的差额不少于应选代表名额的20%，探索了党内的差额选举制度。1990年5月，中共中央印发了《关于县以上党和国家机关党员领导干部民主生活会的若干规定》，规范了县以上党和国家机关党员领导干部的政治生活，对《关于党内政治生活的若干准则》中相关规定的落实做了细化。1990年6月，中共中央发布了《中国共产党基层组织选举工作暂行条例》，改进候选人提名制度和选举方式，规范了党的基层组织代表和委员会的选举以及监督处分制度。1994年1月，中共中央发布了《中国共产党地方组织选举工作条例》，对党的地方各级代表大会代表、委员会委员、常委会委员等的产生条件和选举程序等进行了规范。1996年4月，中共中央印发《中国共产党地方委员会工作条例（试行）》，明确了中国共产党地方各级委员会的职责和议事程序等。2008年，中共中央印发了《中国共产党全国代表大会和地方各级代表大会代表任期制暂行条例》，确立了党的代表大会代表任期制度，健全了党内民主制度。党的一系列组织法规从党员到党组织的产生、管理、运行都进行了规范。

二是确立了中国共产党中央工作的相关制度。1987年，新当选的中央政治局在北京举行第一次全体会议，会议讨论通过了《十三届中央政治局工作规则（试行）》《十三届中央政治局常务委员会工作规则（试行）》《十三届中央书记处工作规则（试行）》。2002年12月，中共中央政治局会议通过了十六届中央政治局工作规则。

三是加强了对党员的管理。1990年8月，中央组织部发布了《中国共产党发展党员工作细则（试行）》，对入党积极分子的教育培训，预备党员的接收、考察和转正等入党的标准、程序作出了具体明确的规定。1994年1月，中共中央组织部发布《关于加强党员流动中组织关系管理的暂行规定》，加强了对流动党员的教育、管理和监督。2006年6月，中共中央办公厅印发《关于加强党员经常性教育的意见》《关于做好党员联系和服务群众工作的意见》《关于加强和改进流动党员管理工作的意见》《关于建立健全地方党委、部门党组（党委）抓基层党建工作责任制的意见》。

4. 中国特色社会主义新时代党的组织法规建设

进入中国特色社会主义新时代以来，党的组织法规有了新进展。2014年6月，中共中央办公厅印发了《中国共产党发展党员工作细则》，废止了《中国共产党发展党员工作细则（试行）》，对保证发展党员质量，建设高质量党员队伍作出了规定。2014年1月，中共中央修订了《党政领导干部选拔任用工作条例》，为完善干部选任制度，破解"唯票、唯分、唯GDP、唯年龄"等问题提供了法规支撑。2015年7

月,中共中央办公厅印发了《推进领导干部能上能下若干规定(试行)》,在已有规定基础上,增加了5种问责情形,进一步加大了问责力度。2015年10月,中共中央印发了《干部教育培训工作条例》,对干部教育培训制度进行了改进完善,废止了《干部教育培训工作条例(试行)》。2016年12月,中组部发布了修订后的《党委(党组)讨论决定干部任免事项守则》,对任免干部的决策程序进行了进一步的规范。2017年1月,中组部分别会同中宣部、教育部、科技部、国家卫生计生委,印发《宣传思想文化系统事业单位领导人员管理暂行办法》《高等学校领导人员管理暂行办法》《中小学校领导人员管理暂行办法》《科研事业单位领导人员管理暂行办法》《公立医院领导人员管理暂行办法》,突出强化了对宣传文化教育卫生领域领导干部的管理。2017年4月,中共中央发布了《中国共产党工作机关条例(试行)》,规范党的工作机关设立、职责和运行。随着党的组织工作体系化、法制化不断推进,党的组织法规制度也不断完善、不断充实,逐步形成动态、完整的框架体系。

(二) 党的组织法规建设的现状和成就

1. 党的组织法规建设的现状

中国共产党在百年奋进历史进程中,结合各个历史时期党的中心任务和历史使命,不断加强党的组织建设,不断健全和完善党内组织法规,确保了党组织的不断发展壮大,确保了党的组织体系有效有序运转。在革命、建设和改革时期党的组织法规建设的基础上,新时代继续全面加强完善党内法规制度建设,印发了《中国共产党党内法规制定条例》和《中国共产党党内法规和规范性文件备案审查规定》两部重要党内法规制度，明确了党的组织法规制度的指导思想、建设路径、形势要求和具体路线。在组织建设上，制定了《中国共产党党组工作条例》和《中国共产党地方委员会工作条例》；在队伍建设上，制定了《中国共产党发展党员工作细则》和《2014—2018年全国党员教育培训工作规划》；在干部队伍建设上，围绕事业单位领导人员管理、领导干部能上能下、带病提拔等问题制定了一批法规制度。新时代一系列法规制度的出台，代表党的组织建设制度化、规范化、程序化程度不断提高，全面推进了党的组织法规制度建设的系统化构建，推动了党的组织法规建设进程，提高了建设质量。

2. 党的组织法规建设的成就

党的组织法规制度常态清理正在形成。2013年8月，中共中央发布《中共中央关于废止和宣布失效一批党内法规和规范性文件的决定》，对现行党内法规制度进行全面清理，这在党的历史上是第一次，也是党的制度建设的一项基础工程。在此次清理工作基础上，党的组织法规制度也进行了全面"体检"，有力保证了组织法规继承性与创新性的结合，更好地适应党和国家发展的新情况、新问题、新要求，实行即时清理和定期清理相结合，深入推进动态专项清理，促进法规制度"新陈代谢"，形成清理工作常态化。

党的组织法规制度的评估工作进一步加强。强化党内法规制度评估是党内法规制度建设的重要环节。对已经公布实施的党的组织法规制度开展评估工作，有利于评估内容的合法性和合理性，有利于追踪检查文本中存在的问题，有利于切合实际问题提出检查方案。当前，关于党的组织法规制度实施后评估的相关理论和实践研究已经展开，为提升评估工作的科学性和可操作性提供了初步的基础性理论支撑和经验参考。

(三）党的组织法规制度建设的要求和内容

1. 党的组织法规建设的总体要求

党的组织法规制度建设要紧紧围绕全面从严治党这一主线，牢固树立和贯彻落实新发展理念，坚持以党章为根本遵循，坚持制定和实施并重，加强顶层设计、突出问题导向、完善工作机制，切实推进党的组织法规制度建设制度化、规范化、程序化。不断健全完善法规制度，形成高效的党的组织法规制度实施体系，为深化党的建设制度改革、提高党的组织工作科学化水平提供坚强的组织法规制度保障。要以民主立规为原则，大兴调研之风，广泛听取党内意见，确保党的组织法规制度与上位法一致、具有可操作的实际意义。要注意听取党代表和专家学者的意见和建议，积极吸收基层党组织、党员、群众和其他党外团体和人员的合理意见和建议。在行文上，要弘扬"短、实、新"文风，突出政治性、思想性、针对性和可操作性，聚焦实施落地，明确细化措施。在程序上，要严格制度制定权限和审批程序，重视动态清理和评估工作，要严查内容是否与党章和党的理论、路线、方针、政策、相抵触，是否与宪法和国家其他法律不一致，是否与上位党内法规相抵触，是否与其他同位党内法规类似规定相抵触。

2. 党的组织法规建设的内容

党的组织法规制度建设在结构层次上，以党章作为根本法，其具体化由相关的准则、条例和规则制定体现，涉及的具体落实和过程细化由规定、办法、细则制定体现。在内容层次上，党的组织法规制度体系包括组织建设、干部队伍建设、党员队伍建设等方面。

在组织建设方面，主要构建修订包括基层组织建设、党内政治生活、党的代表大会、党内选举等方面的法规制度。其中，党的基层组织建设涉及农村、机关、高等院校和企业等领域，现行主要法规有4部，包括：《中国共产党全民所有制工业企业基层组织工作条例》（1986年9月15日）、《中国共产党农村基层组织工作条例》（1999年2月13日）、《中国共产党党和国家机关基层组织工作条例》（2010年6月4日）、《中国共产党普通高等学校基层组织工作条例》（2010年8月13日）。党内政治生活基本规范相关法规包括《关于新形势下党内政治生活的若干准则》（2016年10月27日）等。党的代表大会制度是加强党的建设，实现党的民主集中制，发扬党内民主的制度载体，现有《中共中央关于印发〈中国共产党地方组织选举工作条例〉的通知》（1994年1月26日）、《中国共产党全国代表大会和地方各级代表大会代表任期制暂行条例》（2008年5月5日）等。从发布时间来看，以上党内法规时效性欠佳，最长已超过20年，在新时代的背景和要求下，对相关党内法规的修订和重新制定意义重大。

在干部队伍建设方面，主要构建修订包括干部选拔任用、教育培训、考察考核等方面的法规制度。在选拔任用环节，中央制定了《党政领导干部选拔任用工作条例》（2014年1月14日）；在教育培训环节，中央制定了《干部教育培训工作条例》（2015年10月14日）；在考察考核环节，中央制定了《领导干部报告个人有关事项规定》（2017年4月）。在干部队伍建设法规制度建设中，要通过法规制度突出重点，体现政治标准的考察，把握关键环节，加强形成与其他单位和部门的沟通联系。

在党员队伍建设方面，主要构建修订包括发展党员和党员的教育管理等方面的法规制度。党员队伍建设是党的建设的基础，党的十八大以来，中央制定了《中国共产党发展党员工作细则》（2014年5月28日）、《2014—2018年全国党员教育培训工作规划》（2014年6月23日）和《中国共产党支部工作条例》（2018年10月28日）等法规制度，相关法规制度为党的组织肌体不断增强提供了保障。从现行情况看，党员是党的构成中的活力个体，具有个体性、独一性和时代性特征。当前党员队伍建设也存在一些问题，如在年龄结构、性别分布、学历构成上存在结构不合理现象；缺乏对党员后备力量的全面跟踪和培养，尤其对归国留学人员的培养和发展相对薄弱；流动党员、失联党员管理存在真空地带；党员的先锋模范作用没有很好地发挥和展现。党员队伍是伴随着时代的发展不断更迭的，党支部是党员集体生活的载体，因此，党员队伍建设需要具有鲜明时代特征的法规制度保障和约束。如何调整党员队伍结构、如何储备党员发展后备力量、如何填补党员管理真空地带、如何发挥党员的先锋模范作用和党支部的战斗堡垒作用，对未来的法规制度提出了新的需求。

二、党的领导法规逐渐健全

党的领导法规，是指规范党的领导活动，调整中国共产党与人大、政府、政协、监察机关、审判机关、检察机关、武装力量、人民团体、企事业单位、基层群众自治组织、社会组织等领导与被领导关系的党内法规，其作用在于通过巩固党的领导地位、强化党的领导职责、规范党的领导活动，为坚持和加强党的全面领导，发挥党总揽全局、协调各方的领导核心作用提供制度保障。中国共产党成立后,在领导中国革命、建设、改革和新时代中国特色社会主义建设实践中,党的领导法规建设不断发展、健全、完善,有力地保障了党的领导。截至2021年7月1日,现行有效党的领导法规有772部,其中,中央党内法规44部,部委党内法规29部,地方党内法规699部。

(一) 党的领导法规制度建设的健全完善

1. 新民主主义革命时期党的领导法规制度建设

新民主主义革命时期,中国共产党在局部执政的情况下,对处理党政关系认真地进行了深入探索,通过一系列制度设计,把党的领导与执政统一起来。1928年,中共六大通过的《政治决议案》提出:中国共产党当前的中心任务之一就是"力争建立工农兵代表会议(苏维埃)的政权,这是引进广大的劳动群众参加管理国事的最好的方式,也就是实行工农民主专政的最好的方式"①。中共六大通过的《苏维埃政权的组织问题决议案》提出:"党是苏维埃思想上的领导者,应经过党团指导苏维埃。"② 1930年,党的六届三中全会扩大会议通过的《组织问题决议案》确定"中央政治局立即在苏维埃区域建立中央局的办法,以统一各苏区之党的领导"③。中国共产党在抗日根据地的政权系统中处于领导地位,但主要是思想政治上的领导。1942年9月1日,中央政治局通过了《中共中央关于统一抗日根据地党的领导及调整各组织间关系的决定》,强调党的领导的一元化,指出党的各级委员会为各地区的

---

① 中央档案馆编:《中共中央文件选集》第四册,中共中央党校出版社1989年版,第299页。
② 中央档案馆编:《中共中央文件选集》第四册,中共中央党校出版社1989年版,第248页。
③ 中央档案馆编:《中共中央文件选集》第四册,中共中央党校出版社1989年版,第314页。

最高领导机关，统一各地区的党政军民工作的领导，要求严格执行民主集中制，下级服从上级、全党服从中央的原则，同时注意防止和纠正党委包办政权、民众团体工作的现象。这一时期的中国共产党是革命党，需要武装斗争夺取政权。占领一个地方后，不能继续沿用旧的政权形式，需要建立新的政权，使新政权的形式服从服务于中国共产党的使命和目的。一方面由于当时的工农政权不是非常成熟，另一方面中国共产党实际发挥着非常大的作用。正如毛泽东同志所说："党在群众中有极大的威权，政府的威权却差得多。这是由于许多事情为图省便，党在那里直接做了，把政权机关搁置一边。"① 政权机关功能的不健全诱发了党全面领导或直接自己实施的倾向。

2. 社会主义革命和建设时期党的领导法规制度建设

社会主义革命和建设时期，党确立了对国家的一元化领导制度，并对党的领导制度进行了有益探索。1949年11月，中央政治局通过了《关于在中央人民政府内组织中国共产党党委会的决定》和《关于在中央人民政府内建立中国共产党党组的决定》，加强党对政府机构内党员和政府事务的管理，加强党对中央人民政府和政务院的领导，② 初步确立党的一元化领导制度，构建了中华人民共和国党政关系的基本格局。同时，党又注意克服以往党政不分、以党代政的倾向。1949年10月，中央宣传部和新华总社发出《关于中央人民政府成立后宣传工作中应注意事项的指示》，指出："凡属政府职权范围者应由中央人民政府讨论决定，由政府明令颁布实施"；"不要再如过去那样有时以中国共产

---

① 《毛泽东选集》第一卷，人民出版社1991年版，第73页。
② 中共中央党史研究室：《中国共产党历史第二卷（1949—1978）》上册，中共党史出版社2011年版，第18页。

党名义向人民发布行政性质的决定、决议或通知"。① 1953年3月，中共中央发布了《关于加强中央人民政府系统各个部门向中央请示报告制度及加强中央对于政府工作领导的决定（草案）》，要求政府各个部门的党组工作必须加强，强化了党对中央人民政府各个部门的领导。此后，党政关系又开始走向以党代政、党政不分。1956年，社会主义改造基本完成，党的重心工作转移到以经济建设为中心的社会主义建设上来，针对当时党和政府的关系存在的问题，邓小平同志在党的八大《关于修改党的章程的报告》中指出："在今天党已经在国家工作中居于领导地位的时候，特别重要。这当然不是说，党可以直接去指挥国家机关的工作，或者是把各种纯粹行政性质的问题提到党内来讨论，混淆党的工作和国家机关工作所应有的界限。"② 八大党章是中国共产党执政后制定的第一部党章，强调党必须充分发挥国家机关的作用，使国家机关能够相对独立地、负责地开展工作；第一次规定了全党、省、县三级实行党的代表大会常任制。八大党章反映了面临建设问题的执政党建设的新要求，明确了社会主义建设时期党的建设方向。1957年的反右派斗争以及1958年的反对分散主义，使得党的一元化领导原则被不断地强化，这样的探索被迫中断。

3. 改革开放和社会主义建设新时期党的领导法规制度建设

改革开放和社会主义建设新时期，党的领导制度开启了系统性建设征程。改革开放后，中国共产党领导中国人民以经济建设为中心，坚持四项基本原则，坚持改革开放，逐步建立起中国特色社会主义制度。伴

---

① 中共中央宣传部办公厅、中央档案馆编研部编：《中国共产党宣传工作文献选编（1949—1956）》，学习出版社1996年版，第10页。
② 《邓小平文选》第一卷，人民出版社1994年版，第236页。

随着政治和经济体制改革，党中央制定实施了一系列党的领导法规制度，涉及宣传思想文化工作、统一战线工作、人大工作、企事业单位工作、人才工作、法治建设工作等方面。

在综合性法规方面，2004年发布的《中共中央关于加强党的执政能力建设的决定》指出了加强党的执政能力建设的重要性和紧迫性，在总结此前党执政经验的基础上，提出了加强党的执政能力建设的指导思想、总体目标和主要任务，是党的领导法规制度建设的一个重要文件。

在宣传思想文化工作方面，出台了一系列重要的党内法规：《中共中央关于社会主义精神文明建设指导方针的决议》（1986年）、《中共中央关于加强社会主义精神文明建设若干重要问题的决议》（1996年）、《中共中央关于加强和改进思想政治工作的若干意见》（1999年）、《关于进一步加强和改进舆论监督工作的意见》（2005年），对坚持和加强党的思想领导、维护社会主义意识形态阵地和马克思主义理论指导地位、落实物质文明和精神文明"两手抓、两手都要硬"的重要方针起到了很大作用。

在统一战线工作方面，主要围绕如何坚持和完善党领导的多党合作和政治协商制度、党如何领导和团结全国各界人士进行社会主义建设等主题出台了一系列重要党内法规，包括：《中共中央关于坚持和完善中国共产党领导的多党合作和政治协商制度的意见》（1989年）、《中共中央关于进一步加强中国共产党领导的多党合作和政治协商制度建设的意见》（2005年）、《中共中央关于加强人民政协工作的意见》（2006年）、《中共中央关于巩固和壮大新世纪新阶段统一战线的意见》（2006年）、《中共中央关于加强新形势下党外代表人士队伍建设的意见》（2012年）、《关于进一步加强人民政协提案办理工作的意见》（2012年），为规范和完善党的统一战线工作提供了制度依据。

在人大工作方面，中共中央于 2005 年转发了《中共全国人大常委会党组关于进一步发挥全国人大代表作用加强全国人大常委会制度建设的若干意见》，提出了进一步发挥全国人大代表作用的具体措施，并就加强全国人大常委会的制度建设作了明确规定，建立和完善若干具体工作制度，促进全国人大常委会工作的制度化、规范化。

在企事业单位工作方面，通过发布一系列党内法规，明确了国有企业党组织的地位、作用及其参与重大问题决策的内容、途径、方法和体制机制；明确了非公有制企业党组织的功能定位和作用；并对在党的领导下推进事业单位改革工作作出了部署。

在法治建设工作方面，1984 年，中央印发《中共中央关于任免国家机关领导人员必须严格依照法律程序办理的通知》，重申任免国家机关领导人员必须严格按照宪法和法律规定的程序办理的原则，走出了党的领导法治化的重要一步。1997 年，党的十五大提出"依法治国"这一治国安邦的基本方略，要求"党领导人民制定宪法和法律，党领导人民执行宪法和法律，党自身必须在宪法和法律范围内活动"。推进依法治国与依规治党有机结合是此后党内法规建设的主线。依法治国对党的领导和执政方式提出了更高的要求，要注重通过党组织将党的决议变为法律、法规和国家政策。2012 年，针对少数地方党政机关拒不执行法院判决的问题，《中共中央办公厅、国务院办公厅关于做好党政机关执行人民法院生效判决和裁定工作的若干意见》要求坚决纠正部分党政机关不执行人民法院生效裁判的做法，以贯彻落实依法治国基本方略，维护国家法制统一和尊严。

4. 中国特色社会主义新时代党的领导法规制度建设

党的十八大以来，中国特色社会主义进入新时代，我国社会主要矛盾已经转化为人民日益增长的美好生活需要和不平衡不充分的发展之间的矛盾。以习近平同志为核心的党中央在国内外复杂形势下，正确应对新时代各种挑战和机遇，领导中国人民不断推进中华民族伟大复兴和中国特色社会主义建设事业。在这样的背景下，国家更需要坚强的领导，党的领导任务更加繁重。因此，习近平总书记多次强调要坚持党对一切工作的领导、完善坚持党的全面领导。党的十八大至今，党中央出台了一系列党的领导法规制度，为贯彻落实党的领导提供了制度保障。

在综合性法规方面，党的十八届三中全会通过的《中共中央关于全面深化改革若干重大问题的决定》，阐明了全面深化改革的重大意义，从经济、政治、文化、社会、生态文明、国防等方面对全面深化改革进行部署，是新时代全面深化改革的纲领性文件。《中共中央关于深化党和国家机构改革的决定》在党的十八大相关部署的基础上，阐明了深化党和国家机构改革的必要性、指导思想、目标、原则等，对深化党和国家机构改革工作作出进一步部署。随后出台的《深化党和国家机构改革方案》以加强党的全面领导为统领，大力整合现有的党政机关，构建了一套系统完备、科学规范、运行高效的党和国家机构职能体系。2019年，为加强和规范重大事项请示报告工作，严明党的政治纪律、组织纪律和工作纪律，保证全党全国服从党中央、政令畅通，中共中央印发《中国共产党重大事项请示报告条例》，明确了重大事项请示报告的内涵、原则，规定了党组织请示报告的主体、事项、程序，以及党员、领导干部请示报告等相关事宜，对坚决维护党中央权威和集中统一领导具有重要意义。

在宣传思想文化工作方面，2013年，中共中央办公厅印发《关于培育和践行社会主义核心价值观的意见》，对培育和践行社会主义核心价值观工作作出部署。2017年，中央精神文明建设指导委员会印发

《关于深化群众性精神文明创建活动的指导意见》，提出要着力构筑中国精神、中国价值、中国力量，巩固马克思主义在意识形态领域的指导地位，坚持用社会主义核心价值观引领群众性精神文明创建活动。

在统一战线工作方面，2015年中共中央政治局通过的《中国共产党统一战线工作条例（试行）》明确了统一战线工作的指导思想、主要任务和职责，规定了各领域统一战线工作的组织方针政策，是我们党首部关于统一战线工作的党内法规，是目前党的统一战线工作中最高层级党内法规，为新时代党的统一战线工作提供了政治、组织和法制保障。同年还出台了一系列党内法规，包括《中共中央关于加强社会主义协商民主建设的意见》《关于加强人民政协协商民主建设的实施意见》《关于加强政党协商的实施意见》《关于加强城乡社区协商的意见》等，对新时代社会主义协商民主建设各方面工作作出部署，加强和规范了党的统一战线工作，对完善社会主义协商民主制度具有重大意义。2017年，中共中央办公厅印发《关于加强和改进人民政协民主监督工作的意见》，对人民政协监督的意义、要求、任务、形式、程序、工作机制等作了明确规定。2018年，中共中央印发《社会主义学院工作条例》，对加强党对社会主义学院的领导，推进社会主义学院工作科学化、制度化、规范化起到了重要作用。这一系列文件使党的统一战线工作制度化、规范化水平大大提高。

在人大工作方面，2015年中共中央转发《中共全国人大常委会党组关于加强县乡人大工作和建设的若干意见》，明确了加强县乡人大工作和建设的意义、要求、原则，对县乡人大代表选举、人大会议、依法行使重大事项决定权、加强和改进监督工作以及人事选举任免工作等方面作出了明确规定，使基层人大工作更加规范化，更加有章可循。2018

年，中共中央办公厅印发了《关于人大预算审查监督重点向支出预算和政策拓展的指导意见》，要求实现人大预算审查监督重点向支出预算和政策拓展，提出人大对支出预算和政策开展全口径审查和全过程监管，加强了人大预算决算审查监督职能。

在政府工作方面，2015年，中共中央办公厅、国务院办公厅印发了《关于推行地方各级政府工作部门权力清单制度的指导意见》，对全面推行地方各级政府工作部门权力清单制度的要求、任务、组织实施等方面提出了指导意见，有效促进了国家治理体系和治理能力现代化建设。2016年，中共中央办公厅、国务院办公厅印发了《关于深入推进经济发达镇行政管理体制改革的指导意见》，针对人口和经济规模较大的镇，提出以扩大经济社会管理权限、完善基层政府功能为重点的行政管理体制改革指导意见，以期加强基层政权建设、巩固党的执政基础。2017年，中共中央办公厅、国务院办公厅印发《关于创新政府配置资源方式的指导意见》，要求推进市场化改革，减少政府对资源的直接配置，创新配置方式，更多引入市场机制和市场化手段，提高资源配置的效率和效益。

在法治建设工作方面，党的十八届四中全会通过的《中共中央关于全面推进依法治国若干重大问题的决定》旗帜鲜明地提出坚持走中国特色社会主义法治道路和建设中国特色社会主义法治体系、建设社会主义法治国家的总目标，阐述全面推进依法治国的重大意义、指导思想和基本原则等，对科学立法、严格执法、公正司法、全民守法等相关工作作出部署，要求加强法治工作队伍建设，加强和改进党对全面推进依法治国的领导，这是新时代全面推进依法治国的一个纲领性文件。此后，相继发布了一系列党内法规：《领导干部干预司法活动、插手具体案件处理的记录、通报和责任追究规定》（2015 年）、《法治政府建设实施纲要（2015—2020 年）》（2015 年）、《中央宣传部、司法部关于在公民中开展法治宣传教育的第七个五年规划（2016—2020 年）》（2016 年）、《党政主要负责人履行推进法治建设第一责任人职责规定》（2016 年）、《关于进一步把社会主义核心价值观融入法治建设的指导意见》（2016 年），对全面推进依法治国各方面具体工作作出部署。2019 年，中共中央印发《中国共产党政法工作条例》，明确了制定目的、政法工作的领导主体和职责以及党领导政法工作的运行机制，为坚持和加强党对政法工作的领导提供了党内法规依据和制度保障。

（二）党的领导法规建设的成就和存在的问题

1. 党的领导法规建设的成就

党的十九大报告作出了新时代必须坚持和加强党的全面领导的重大论断，明确中国共产党领导是中国特色社会主义最本质的特征，是中国特色社会主义制度的最大优势。党政军民学，东西南北中，党是领导一切的，这已成为新时代坚持和发展中国特色社会主义必须坚持的基本方略。党的十九届四中全会通过了《中共中央关于坚持和完善中国特色社会主义制度、推进国家治理体系和治理能力现代化若干重大问题的决定》，把"坚持党的集中统一领导，坚持党的科学理论，保持政治稳定，确保国家始终沿着社会主义方向前进的显著优势"列为中国特色社会主义制度和国家治理体系的十三个"显著优势"之首，指出坚持和完善党的领导制度体系，提高党科学执政、民主执政、依法执政水平是把制度优势更好转化为国家治理效能的首要任务，并提出要建立"不忘初心、牢记使命"的制度，完善坚定维护党中央权威和集中统一领导的各项制度,健全党的全面领导制度,健全为人民执政、靠人民执政各项制度,健全提高党的执政能力和领导水平制度,完善全面从严治党制度。依托这六个基本制度进一步健全总揽全局、协调各方的党的领导制度体系,把党的领导落实到国家治理各领域、各方面、各环节。要落实好中央上述要求,必须紧紧抓住完善党的全面领导的法规制度这个根本,使党的全面领导做到有法可依、有法必依,其中,完善党的全面领导的党内法规制度更是核心和关键。近年来,党中央围绕坚持加强党的全面领导,先后制定颁布了《中国共产党重大事项请示报告条例》《中国共产党农村工作条例》《中国共产党宣传工作条例》《中国共产党政法工作条例》《中国共产党机构编制工作条例》等一系列党内法规,还有一批党内法规正在规划制定之中,党的领导领域党内法规不够健全的情况正在显著改善。

2. 党的领导法规建设存在的问题

由于坚持加强党的全面领导具有极端重要性,这项工作又极为复杂。因此,在用相关法规制度保障实现党的全面领导的法规制度化、体系化方面,还存在着一些亟待解决的问题。

一是党的领导法规在党内法规体系中基础还比较薄弱。虽然近年来出台较多,但是非常集中,尤其是2019年出台较多,说明过去我们在制定党内法规时对这个领域有所忽视,或者因为制定的难度较大,讨论拟定需要的时间较长,因而影响了党的领导法规的出台。如《中国共产党宣传工作条例》从2015年启动制定,到2019年才制定完成,历时4年多,反映了党的领导法规制度制定工作的复杂性。同时,党内法规制定后还要在实践中加以运用和检验,并进行适当的修订,从这样的要求看,党的领导法规制度要真正达到立得住、行得通、管得了的目标还需要一个过程。

二是党的领导法规体系有待健全。根据《中央党内法规制定工作第二个五年规划（2018—2022年）》，需要制定的党的领导的9部条例中已完成6部，还有3部没有制定颁布，表明立规工作还有空白点。同时，党对政治工作、经济工作、社会工作等的领导是否均需要制定条例，仍然是一个问题。目前《党中央领导经济工作规定》等规定，都是从党中央层面制定的规定，从主体的角度看，是否还应制定全党性的党内法规并升级其效力位阶，这些问题均关系到党的领导法规体系的完善问题，也是健全完善党内法规制度体系的重要课题。

三是规范党的领导基本规则的党内法规还是空白。党的全面领导必须注重基本规则的建构，才能克服领导活动中要么权力高度集中、要么陷入分散主义，甚至使党的集体领导沦为少数领导者个人意志的弊端。虽然党章中规定了："党的各级委员会实行集体领导和个人分工负责相结合的制度。凡属重大问题都要按照集体领导、民主集中、个别酝酿、会议决定的原则，由党的委员会集体讨论，作出决定；委员会成员要根据集体的决定和分工，切实履行自己的职责。"由此规定了党的领导的基本原则和程序，但是，这一规定在执行中因为过于固化，时常会导致集体领导变成个人领导，给党的领导造成极大危害，一些主要领导违纪违法案件的发生说明进一步完善党的领导基本规则势在必行。为此，许多地方党组织制定了党委常委会议事规则，试图解决这一问题，但是从全党的高度形成党的全面领导的基本规则仍非常必要，这样可以统一全党在党的领导问题上的认识，形成规范的程序和共识，增强党员干部对违背党的领导行为的辨别力，而且这种规则意识的加强对党的领导的长远意义更为突出。当然，为了增强这些规则的权威性，也可以采用准则的形式，如制定新时代党的全面领导的若干准则，也具有可行性。

（三）党的领导法规建设的要求和方向

1. 党的领导法规建设的总体要求

在依法治国和依规治党有机统一要求下，作为执政党的中国共产党，要增强党依法执政的本领，加强和改善党的领导。这不仅需要国家宪法和法律规范党的领导，还需要党内法规对党领导国家政权机关的权力、组织形式、程序等事宜作出进一步规定，在条件成熟时，可考虑出台中国共产党的领导工作条例，使党的领导在党内有法可依、有章可循。

2. 党的领导法规建设的未来方向

（1）党内法规应明确党的领导权力

我国宪法明确规定了党在中国特色社会主义事业中的领导地位，因此，党的领导权力是毋庸置疑的。在一些具体的法律（如《中华人民共和国立法法》《中华人民共和国监察法》《中华人民共和国国防法》等）中也原则性地规定了党的领导地位。从党内法规来看，党章明确规定"党是领导一切的"，对党领导中国特色社会主义各项事业作了原则性规定，但现有的党内法规体系中关于党的领导权力规定并不十分明确和完善。

在相关党内法规中，应进一步明确和完善规定党的领导权力，加强和改善党的领导。党的领导应坚持总揽全局、协调各方的原则，统筹协调国家权力机关、行政机关、司法机关、监察机关、军事机关等，使各种国家政权机关在国家重大事项决策和实施中各司其职、各尽其责、有序协同，充分发挥党集中统一领导的优势。党的领导应重点体现在政治领导、思想领导和组织领导上。在集中做好政治领导、思想领导和组织领导的基础上，党的领导不应异化为对具体业务事无巨细地包办和干涉，否则会极度分散党的精力，使党陷于繁忙的、碎片化的事务性工作中，反而会削弱党的集中统一领导。

全国人民代表大会是我国最高的国家权力机关，承担着立法、选举和罢免国家其他政权机关首长等职能，是代表全国人民行使权力的机关。加强和改善党的领导，首先要加强和改善党对人民代表大会的领导。党内法规应落实宪法和法律对党的领导地位的规定，具体明确党领导人民代表大会的权力。党对人民代表大会的领导应全面贯穿人民代表大会的各个重要职能，深入渗透人民代表大会工作的各个关键环节，在人民代表的选举，人民代表大会的组织，会议的召开、议程，重要事项的讨论、审议、表决等环节的工作中，都应贯彻落实党的政治领导、思想领导和组织领导。

我国行政机关、司法机关、监察机关和军事机关都由作为国家权力机关的人民代表大会产生，对其负责，受其监督，是人民行使各项国家权力的具体执行机关。行政机关执行法律和进行社会管理，司法机关行使审判等权力，这些工作较为具体，业务性较强，党对行政机关和司法机关的领导应尤其注意不应过多介入具体事务，而应重点引领正确的政治方向，做好人员的思想教育、把握好领导干部的任用工作，把对党忠诚、听党指挥、有能力、守纪律的干部放到关键岗位上。监察委员会是我国新设立的国家监察机关，与党的纪律检查委员会合署办公，在党的集中统一领导下，对所有行使公权力的公职人员进行监督。这在制度设计上保证了党对监察机关和监察工作的领导权，是党和国家监督制度体系的重大创新。在此基础上应继续探索和完善党领导国家监察机关和监察工作的制度。

（2）党内法规应规范党的领导程序

党的十八届四中全会通过的《中共中央关于全面推进依法治国若干重大问题的决定》提出，要"善于使党的主张通过法定程序成为国家意志，善于使党组织推荐的人选通过法定程序成为国家政权机关的领导人员，善于通过国家政权机关实施党对国家和社会的领导"。目前，党的领导法规最突出的不足是原则性规定较多、程序性规定偏少。科学完善的程序性规定可以促进党的领导更加科学、民主，使党的领导有章可循、有规可依、制度化、规范化，防止以个别党员干部的意志代替党组织整体决议，防止党的决议在践行中被歪曲，这是加强和改善党的领导的必然要求。

一是完善党与行政机关联合行文的程序制度。当前实践中，各级党组织主要通过与行政机关联合印发或转发文件的方式对政治、经济、文化、社会等问题直接作出领导，但目前党内法规并没有对联合行文方式作出明确规定，也缺少具体实施办法。党内法规应当明确联合行文是党对国家政权机关领导的重要方式，并制定详细的程序性制度，规定联合行文的适用条件、内容范围、具体程序，包括与行政机关的沟通合作程序等，使联合行文方式有规可依，更加规范化、科学化。

二是完善党组工作程序性制度。在各类非党组织和机构中，党组（包括国家工作部门党委）处于本单位领导核心位置，可以讨论和决定本单位重大问题，把党的主张转化为本单位领导班子的决定，是党进行领导的重要机构。应在现行《中国共产党党组工作条例》基础上，进一步完善相关工作实施细则，明确统一的、详尽的、科学的、标准化的工作程序,保障党组在本单位重大问题决策中体现民主性、科学性和先进性,保障党组的决议高效、完整转化为本单位领导班子的决议。

三是完善党员干部工作的程序性制度。党员干部是党对国家政权机关领导的一线力量,是实施党领导决议的基本个体。党员干部的行动直接体现党的方针、政策和决议,因此应当充分发挥党员干部的领导作用,进一步规范党员干部的行为。当前党内法规对党员干部在工作中执行党内决议、发挥先锋模范作用的原则性规定、任务性规定较多,程序性规定较少,应当进一步明确规定党员干部在工作中执行党内决议、发挥先锋模范作用的具体程序,使党员干部在工作中实施党的方针、政策和决议有完善的制度可依,防止个别党员干部在实践中歪曲、篡改党的决议,促进党员干部在工作中更加规范、更加有效地发挥先锋模范作用。

(3) 党的领导法规应加强与国家法律的衔接协调

《中共中央关于全面推进依法治国若干重大问题的决定》指出,要注重党内法规同国家法律的衔接和协调。健全党对国家政权机关领导的党内法规和国家法律的衔接协调机制,也是加强和改善党对国家政权机关领导的必要法治路径。党规与国法的不同,根本上是行为规则的一般要求与特殊要求的不同,其他的不同都是由此产生的。党的领导法规既要体现先进性、领导性,不能与国家法律相抵触,这是党的领导法规与法律相协调的基本原则。对国家法律已经规定党在其中地位、作用、责任、权力等的事项,党内法规应及时制定或修订相应的细化措施和落实办法,做到党内法规与国家法律的有机衔接。

党内法规要为党对国家政权机关的领导设置合适的权力类型,以加强与国家法律的衔接协调。在这方面,目前党领导立法的党内法规制度可以作为借鉴：《中共中央关于全面推进依法治国若干重大问题的决定》确立了党对立法工作的领导，规定了党在立法工作中有重大立法事项决定权、提出宪法修改和解释建议、听取立法报告的权力。这三项权力并不与《中华人民共和国宪法》和《中华人民共和国立法法》有关规定相抵触，而是对宪法和法律的补充，即党对重大立法事项决定过程在法律所规定的立法程序之前；修宪建议权与《中华人民共和国立法法》中规定的提案权不同，是提案的前置程序；听取立法报告的对象是人大常委会党组，不与法律规定相冲突。

借鉴经验，前置于法律程序的党的决定权可以充分发挥党的领导作用，又不会影响法律程序；提议类型的权力，如提案权、建议权、提议权、提名权等属于"柔性权力"，在发挥党领导作用的同时不与法律规定相抵触；听取相应党组报告的权力在党的系统内部进行，不与法律规定相冲突，这些都适合作为党的领导的权力类型。在党对国家政权机关领导的其他方面，应当积极借鉴党领导立法的经验，在党内法规中通过设置前置于法律程序的党的决定程序、规定党向国家政权机关提议等"柔性权力"，以及通过听取相应党组报告的方式，进一步加强实现党的领导法规与国家法律的衔接和协调。

三、党的自身建设法规日益完善

党的自身建设法规，是调整党的政治建设、思想建设、组织建设、作风建设、纪律建设等的党内法规，为提高党的建设质量、永葆党的先进性和纯洁性提供制度保障。截至2021年7月1日，现行有效党的自身建设法规共 1319 部，其中，中央党内法规 74 部，中央部委党内法规 76 部，地方党内法规 1169 部。

（一）党的自身建设的法规建设的发展变迁

中国共产党是一个不断推进自我发展、自我变革的政党。在加强党的建设实践中，中国共产党不断加强党内法规建设，用严格的党内法规约束自己，使中国共产党不断走向强大。

1. 新民主主义革命时期党的自身建设的法规建设

中国共产党从成立之初就非常重视宣传、教育工作，随着宣传、教育工作日益成为党的重要斗争手段，有关党内法规的数量也在不断增加。在新民主主义革命时期，党的宣传、教育法规有十几部，主要有：《对于宣传工作之议决案》（1925 年）、《宣传问题决议案》（1925 年）、《关于宣传部工作议决案》（1926 年）、《宣传工作的目前任务》（1928 年）、《中央通告第四号》（1928 年）、《中央关于党内宣传派别问题决议案》（1929 年）、《宣传工作决议案》（1929 年）、《中央关于办理党校的指示》（1940 年）、《中央宣传部关于提高延安在职干部教育质量的决定》（1940 年）、《中央宣传部关于大后方党的干部教育的指示》（1940 年）、《中央关于统一各根据地内对外宣传的指示》（1941 年）、《中宣部关于各抗日根据地报纸杂志的指示》（1941 年）、《中央关于高级学习组的决定》（1941 年）、《中共中央关于延安干部学校的决定》（1941 年）、《中共中央关于在职干部教育的决定》（1942 年）、《中央书记处办公厅关于政治局对党校组织及教育方针之新决定的通知》（1942 年）、《中央书记处办公厅关于党务广播条例的通知》（1942 年）、《中央关于宣传工作中请示与报告制度的规定》（1948 年）。这些党的自身建设法规的制定出台，为党的建设，特别是自身建设提供了坚强的组织保障。

2. 社会主义革命和建设时期、改革开放和社会主义建设新时期党的自身建设的法规建设

在社会主义革命、建设和改革的实践中，中国共产党不断加强自身建设，强化自身建设的党内法规也不断出台。特别是改革开放以来，党的自身建设不断加强，党的自我建设制度法规的针对性越来越明显。

在推动干部队伍年轻化方面，1982年，中共中央通过了《关于建立老干部退休制度的决定》，废除了领导干部职务终身制。1982年，在中国共产党第十二次全国代表大会上，成立了中央顾问委员会，使其发挥党的中央领导机构新老交替的功能，让一些老同志在退出一线之后继续发挥一定的作用。1982年9月，中央批准并转发了《关于中央顾问委员会工作任务和工作方法的暂行规定》。在规范党的领导干部选拔任用工作方面，1995年2月，中共中央印发了《党政领导干部选拔任用工作暂行条例》。2002年7月，中共中央发布《党政领导干部选拔任用工作条例》，明确了民主推荐、考察酝酿、讨论决定、任职、党向人大或人大常委会推荐领导干部人选等程序，规范了党政领导干部选拔任用制度，推进了党政领导干部选拔任用工作的科学化、民主化、制度化进程。随后，对《党政领导干部选拔任用工作条例》的实施不断进行了分类细化。2004年4月，中央办公厅发布《关于公开选拔党政领导干部工作暂行规定》《党政机关竞争上岗工作暂行规定》《党的地方委员会全体会议对下一级党委、政府领导班子正职拟任人选和推荐人选表决办法》《党政领导干部辞职暂行规定》《关于党政领导干部辞职从事经营活动有关问题的意见》《关于对党政领导干部在企业兼职进行清理的

通知》等党内法规。2006年6月，中共中央印发了《党政领导干部职务任期暂行规定》《党政领导干部交流工作规定》《党政领导干部任职回避暂行规定》。在加强领导干部教育培训方面，2006年1月，中共中央印发《干部教育培训工作条例（试行）》，首次全面地对干部的系统培养作出了明确的规定，确保了能够发现越来越多的党内精英并推荐到关键岗位上。在绩效考核方面，建立健全了一系列规章制度。1979年11月，中共中央组织部下发了《关于实行干部考核制度的意见》，开启了全面动员以实现对政权更有效领导的新篇章。2005年12月，中共中央办公厅印发了《关于党员领导干部述职述廉的暂行规定》。2009年7月，中央组织部印发了《地方党政领导班子和领导干部综合考核评价办法（试行）》《党政工作部门领导班子和领导干部综合考核评价办法（试行）》《党政领导班子和领导干部年度考核评价办法（试行）》。

在规范党内政治生活方面，1980年2月，中共中央制定了《关于党内政治生活的若干准则》，具体细化了民主集中制的落实，在保障统一有力的领导机制的基础上，开始恢复在党内进行合理争论的氛围，只要提出的方式是健康有序的，党内提出不同意见，甚至下级对上级的决定存在不同意见也是合理的，应当从制度上保证其实现。开始逐步在基层进行党内民主具体实践的探索。1988年12月，中共中央转批了《中央组织部关于建立民主评议党员制度的意见》，建立了党员评议制度。1995年1月，中共中央印发了《中国共产党党员权利保障条例（试行）》，确立了党员权利保障制度。2004年9月，中共中央发布了《中国共产党党员权利保障条例》，把党章中党员的8项权利进一步细化，分为3大类20项权利。2010年10月，中共中央办公厅印发了《关于在党的地方和基层组织中实行党务公开的意见》，进一步健全了党内民主制度。

在作风建设方面，1979年11月，中共中央发布了《关于高级干部生活待遇的若干规定》，结合新形势对高级干部的生活待遇问题作了调整和补充。1984年12月，中共中央、国务院发布了《关于严禁党政机关和党政干部经商、办企业的决定》，1985年6月发布了《关于禁止领导干部的子女、配偶经商的决定》，1989年1月发布了《关于县以上党和国家机关退（离）休干部经商办企业问题的若干规定》，这些法规有效遏制了一些党政机关、党政干部违规经商、损公肥私的现象，促进了党风政风向好的方向发展。1989年，中共中央办公厅、国务院办公厅先后印发《关于严格控制领导干部出国访问的规定》《关于中央党政机关汽车配备和使用管理的规定》《关于在国内公务活动中严禁用公款宴请和有关工作餐的规定》等党内法规，严格规范了领导干部出国、配车、用餐等待遇。2005年6月，中共中央办公厅印发了《关于省部级人员因公临时出国的若干规定》。2006年10月，中共中央办公厅、国务院办公厅印发了《党政机关国内公务接待管理规定》。2008年3月，中共中央办公厅、国务院办公厅印发了《关于进一步加强因公出国（境）管理的若干规定》。2010年10月，中共中央办公厅、国务院办公厅印发了《评比达标表彰活动管理办法（试行）》。2011年1月，中共中央办公厅、国务院办公厅印发《党政机关公务用车配备使用管理办法》。

3. 中国特色社会主义新时代党的自身建设的法规建设

党的十八大以来，在全面从严治党实践中，中国共产党不断强化打铁必须自身硬的理念，不断推进自我革命，进一步完善了党的自身建设法规。在党的作风建设方面，2012年12月，中共中央政治局会议审议通过了《十八届中央政治局关于改进工作作风、密切联系群众的八项规定》。随后，构建了厉行节约反对浪费制度体系。2013年11月，中共中央、国务院印发了《党政机关厉行节约反对浪费条例》，此后又出台了《党政机关国内公务接待管理规定》《中央和国家机关培训费管理办法》《关于厉行节约反对食品浪费的意见》等配套的20项制度，建立起了以《党政机关厉行节约反对浪费条例》为基础、20项配套制度为体系的"1+20"制度体系。2013年2月，中组部印发了《关于在干部教育培训中进一步加强学员管理的规定》，对改进干部教育培训学风作了要求。2014年7月，中央纪委机关、中央组织部、中央编办、监察部、人力资源和社会保障部、审计署、国务院国资委联合印发了《党政主要领导干部和国有企业领导人员经济责任审计规定实施细则》，对领导干部履行经济责任接受审计监督作出了规定。2017年1月，财政部、中共中央组织部、国家公务员局发布了修订版的《中央和国家机关培训费管理办法》，实行培训项目分类管理，对培训费管理更加精细化，还加强了思想建设。2017年2月，中共中央办公厅印发了《中国共产党党委（党组）理论学习中心组学习规则》。在党风廉政建设和反腐败斗争方面，2015年3月，中共中央办公厅印发了《省（自治区、直辖市）纪委书记、副书记提名考察办法（试行）》《中管企业纪委书记、副书记提名考察办法（试行）》，强化上级纪委对下级纪委的领导，提高了纪委监督权的相对独立性和权威性，强化了反腐倡廉建设的组织和制度保障。2015年10月，中共中央颁布了《中国共产党廉洁自律准则》，废止了《中国共产党党员领导干部廉洁从政若干准则》，将适用对象从党员领导干部扩大到了全体党员，更加注重规范的正面引导功能，对党员领导干部提出了更高要求。2015年10月，中共中央对《中国共产党纪律处分条例》进行了修订，删除了与法律法规重复的70多条规定，将原来规定的10类违纪行为整合成为6类，并增加了党组织履行全面从严治党主体责任不力、工作失职等条款，将党内法规与国家法律进行了较为明确的界分。2017年1月，中央纪委印发了《中国共产党纪律检查机关监督执纪工作规则（试行）》，规范了监督执纪的流程，对纪委的自我监督作了明确的要求，这也是党内法规的"规则"中第一部公开发布的纪委工作规则。2017年11月，中共中央印发了《中共中央政治局关于加强和维护党中央集中统一领导的若干规定》，中共中央办公厅、国务院办公厅印发了《中共中央政治局贯彻落实中央八项规定的实施细则》。

（二）党的自身建设的法规建设的现状和成就

1. 党的自身建设的法规建设的现状

制度建设贯穿党的建设各个方面，具有根本性、全局性、稳定性和长期性的特点。中国共产党成立以来，我们党始终把思想建党和制度治党有机结合，不断建立健全以党章为根本、以民主集中制为核心的党的制度体系。这些制度、法规和规范性文件，涉及党内生活的管理、领导干部行为的规范和廉洁自律、党内民主的扩大和保障等广泛的内容，涵盖党的思想、政治、作风、反腐倡廉建设等方方面面，党内生活初步实现了制度化、规范化。党的制度建设的系统性进一步增强，形成各项具体制度在内容上与时空上的协调一致，相关制度相互衔接、有机统一的整体系统。一方面，各项制度条文在内涵上协调统一性增强，相互矛盾、使人无所适从的情况大为减少；另一方面，各项制度在纵向上相互衔接，新老制度交替、范围与效力上的衔接更加科学。

2. 党的自身建设的法规建设的成就

新民主主义革命时期，我们党制定并逐步完善了党的章程、党的民主集中制和党的代表大会等制度。新中国成立后，以毛泽东同志为核心的党的第一代中央领导集体建立并完善了党对国家的领导制度，加强党对政府的领导，初步提出党的代表大会常任制。进一步加强对民主集中制的建设，把民主集中制推广到国家的政权建设和政治生活中。改进党的集体领导制度，初步构建干部制度。改革开放后，以邓小平同志为核心的党的第二代中央领导集体建构新时期党的制度建设的体系框架，提出改革和完善党和国家领导制度，废除领导干部职务终身制，作出老干部退休制度的决定。党的十一届五中全会通过《关于党内政治生活的若干准则》，恢复和强化了纪检监察制度。以江泽民同志为核心的党的第三代中央领导集体，加快制度建设的步伐，使党的制度建设进入快速发展阶段。进一步加强党的领导制度，完善和发展民主集中制，深化干部人事制度改革和建立健全党员管理制度。以胡锦涛同志为总书记的党中央，进一步研究党执政所面临的新形势，从实际出发，借鉴国外成功做法，完善党的代表大会制度，确立代表大会在党内的权威地位，试行党的代表大会常任制，改革和完善党内选举制度，积极探索党的代表大会闭会期间发挥代表作用的途径和形式，保障党代表和广大党员的民主权利，进一步完善党委内部议事和决策机制。中共中央颁布的《中国共产党党员权利保障条例》和《中国共产党党内监督条例（试行）》，标志着党内监督工作进入规范化、制度化的新阶段。中共中央颁布的《建立健全教育、制度、监督并重的惩治和预防腐败体系实施纲要》《建立健全惩治和预防腐败体系2008—2012年工作规划》等制度的实施，标志着中国共产党反腐倡廉制度建设进入一个新的发展阶段。

以习近平同志为核心的党中央，坚持全面从严治党的理念，坚持思想建党和制度治党紧密结合，对党的制度建设进行新的探索，并取得新成果。党的十八届四中全会通过的《中共中央关于全面推进依法治国若干重大问题的决定》将坚持依法治国、依法执政、依法行政共同推进。党的十八大报告强调反腐倡廉的任务，提出："反对腐败、建设廉洁政治，是党一贯坚持的鲜明政治立场，是人民关注的重大政治问题。这个问题解决不好，就会对党造成致命伤害，甚至亡党亡国。"在十八届中央纪委二次全会上，习近平总书记提出："要加强对权力运行的制约和监督，把权力关进制度的笼子里，形成不敢腐的惩戒机制、不能腐的防范机制、不易腐的保障机制。"党的十八大后，反腐败工作开启新局面："打虎""灭蝇"持续升温，始终保持惩治腐败高压态势，坚决查处大案要案。

改革开放以来从未有过的反腐力度，预示着党的反腐工作进入新常态。健全党内民主制度，以党内民主带动人民民主；完善党的代表大会制度、党内选举制度、干部选拔考核评价制度和领导干部重要事项报告制度；完善纪检监察体制；健全巡视制度；推进权力运行公开制度等，并树立效用导向，强化执行绝不含糊。新修订的《中国共产党廉洁自律准则》和《中国共产党纪律处分条例》是我们党全面从严治党的实践成果；是我们党坚持依规治党与以德治党相结合，紧扣廉洁自律主体，重申党的理想信念宗旨、发扬党的优良传统作风，重在立德的有效举措；是党执政以来第一部坚持正面引导、面向全体党员规范全体党员廉洁自律工作的重要基础性规范；是对党章规定的具体化，对于深入推进党风廉政建设和反腐败斗争，加强党内监督，永葆党的先进性和纯洁性，具有十分重要的意义。

（三）党的自身建设法规的建设的方向

党的十八大以来，党的自身建设不断推进，党的自身建设法规不断完善。面向未来，党的自身建设法规必须坚持正确方向。

1. 党的自身建设必须坚持目标导向与问题导向相结合

目标导向与问题导向相结合既是我们从事制度建设的重要原则，也是成功推进制度建设的基本经验。党的建设总目标在不同阶段，强调的重点有所差异，但根本点是一致的，就是把我们党建设成为中国特色社会主义的坚强领导核心，这也是党的制度建设的总目标。党的十八大以来，我们党在实现既定目标上坚定不移，制度建设始终没有偏离稳定党的执政根基和执政地位这个总目标和根本导向。在总目标指引下，党的制度建设与党的思想建设、组织建设、作风建设和反腐倡廉建设有机结合、贯穿其中，既着眼长远，又重视从实际出发，注意解决实际工作中面临的突出问题。在具体制度的制定过程中不贪大求全，不一蹴而就，着眼于通过制度建设解决党的建设过程中的一个个阶段性问题，进而加强党的执政能力建设、先进性建设和纯洁性建设，保持党同人民群众的血肉联系，稳固党的执政根基。党的十八大以来，党中央在制度制定上始终坚持了目标导向与问题导向相结合这一原则。面对党风廉政建设和反腐败斗争的严峻形势，党中央从作风建设破题，出台中央八项规定，全党紧跟中央步伐，推进作风建设制度化，解决了人民群众长期关注的执政党作风问题；根据形势变化修订了《中国共产党廉洁自律准则》和《中国共产党纪律处分条例》等党内法规，重点针对现阶段党组织和党员领导干部在廉洁自律和遵守纪律方面存在的主要问题作出明确规定；为了严肃党内政治生活，党的十八届六中全会审议通过了《关于新形势下党内政治生活的若干准则》，在继续坚持1980年《关于党内政治生活的若干准则》基本原则的同时，针对党内政治生活中出现的一些突出问题作出规定。上述规章制度的出台解决了当前党的建设中存在的突出问题，推动了党风的好转，维护了党组织肌体的健康，有利于保持党的先进性和纯洁性，有利于不断巩固党的执政基础和执政地位，是坚持目标导向与问题导向相结合的典范。

2. 党的自身建设必须坚持顶层设计与实践检验相结合

坚持顶层设计与实践检验相结合，是一切成功社会实践的经验总结，对党的制度建设也是如此。党的十八大以来，党的制度建设更加注重顶层设计、整体布局，更加注重立法规划，在制度体系构建上坚持顶层设计与实践检验相结合，制度体系更加科学完备。2012—2013年，中共中央印发《中国共产党党内法规制定条例》《中国共产党党内法规和规范性文件备案规定》，对党内法规的制定原则、规划与计划等方面作出规定，在此基础上，中共中央进一步出台了《中央党内法规制定工作五年规划纲要（2013—2017年）》，提出了立足当前、着眼长远、统筹推进，确保到建党一百周年时全面形成内容科学、程序严密、配套完备、运行有效的党内法规制度体系，这是党内法规制度建设历史上的第一次。规划纲要没有采取列举式的办法规定每项具体法规出台的时间表，而是更加注重其符合实际需求。党的建设在新形势下面临的一些突出问题为党内法规制度建设提供了着力点，党中央管党治党的丰富实践为制度体系构建打下了坚实基础。在修订有关党内法规的过程中，中央和有关部门注重充分考虑每项具体法规的必要性和可行性，避免落入

"制度陷阱",一方面力求将现行法规制度中不能完全适应新形势下全面从严治党需要的内容加以完善,另一方面将经过实践检验的党的建设成果与经验固化为制度。在规划纲要的指引下,经过全党的持续努力,基础主干党内法规更加健全,实践急需的党内法规及时出台,配套党内法规更加完备,基本形成了涵盖党的建设和党的工作主要领域、适应管党治党需要、各项党内法规之间协调统一的党内法规制度体系框架。

3. 党的自身建设必须坚持以上率下与宣传教育相结合

党的十八大以来,制度执行卓有成效,是一大亮点。制度得以有力贯彻执行,很重要的原因就是坚持了以上率下与宣传教育的结合。习近平总书记在主持十八届中央政治局第二十四次集体学习时强调,"要把法规制度执行情况纳入党风廉政建设责任制检查考核和党政领导干部述职述廉范围,通过严肃追究主体责任、监督责任、领导责任,让法规制度的力量在反腐倡廉建设中得到充分释放。纪律检查机关加大监督检查力度,对违反制度规定,有令不行、有禁不止的,不仅严肃查处直接责任人,而且严肃追究相关领导人员的责任"。党的十八届六中全会通过的《关于新形势下党内政治生活的若干准则》强调,"新形势下加强和规范党内政治生活,重点是各级领导机关和领导干部,关键是高级干部特别是中央委员会、中央政治局、中央政治局常务委员会的组成人员"。最后还提出要"制定高级干部贯彻落实本准则的实施意见,指导和督促高级干部在遵守和执行党内政治生活准则上作全党表率"。《中国共产党党内监督条例》对党的中央组织的监督专门设置一个章节作出规定,充分体现了党中央和中央领导同志的担当精神。以上率下与宣传教育的结合既体现在制度本身的要求上,也体现在制度的贯彻落实上。以执行作风规定为例,2012年12月,中共中央政治局会议审议通过《十八届中央政治局关于改进工作作风、密切联系群众的八项规定》，之后中央政治局常委会会议、中央政治局会议先后多次专门研究，对贯彻执行中央八项规定、加强党的作风建设进行专题部署，为全党作出了表率、树立了标杆。在此基础上，2013年6月，党中央在全党部署开展党的群众路线教育实践活动，把贯彻执行中央八项规定精神作为切入点，聚焦作风建设，集中解决形式主义、官僚主义、享乐主义和奢靡之风问题。2015年4月，党中央部署开展"三严三实"专题教育，把贯彻落实中央八项规定精神作为重要内容，深入查找、切实解决"不严不实"问题，切实做到了以上率下，自上而下，上下联动。正是依靠以上率下与宣传教育的结合，才保证了党的十八大以来制度执行成效卓越，立行立改。

四、党的监督保障法规持续加强

党的监督保障法规，是调整党的监督、激励、惩戒、保障等的党内法规，为保证党组织和党员干部履行好党和人民赋予的职责提供制度保障。截至2021年7月1日，现行有效党的监督保障法规共1370部，其中，中央党内法规77部，中央部委党内法规57部，地方党内法规1236部。

（一）党的监督保障法规建设的发展历程

1. 新民主主义革命时期党的监督保障法规建设

政党纪律是政党各级组织和全体党员必须遵守的行为规则，是维护政党团结统一、完成任务的前提和保证，体现政党的组织纪律性，直接影响党的战斗力。中国共产党从成立之日起，就高度重视党的纪律及其制度建设。新民主主义革命时期，党的纪律法规有 10 个，分别是：《政治纪律决议案》（1927 年）、《中央巡视条例》（1931 年）、《中央给红军党部及各级地方党部的训令》（1931 年）、《中央关于成立中央党务委员会及中央苏区省县监察委员会的决议》（1933 年）、《中共扩大的六中全会关于中央委员会工作规则与纪律的决定》（1938 年）、《中共扩大的六中全会关于各级党部工作规则与纪律的决定》（1938 年）、《中共扩大的六中全会关于各级党委暂行组织机构的决定》（1938 年）、《中央关于发表有全国意义的通电、宣言与对内指示的规定》（1941 年）、《东北野战军入城纪律守则》（1948 年）、《中央关于各中央局、分局、军区、军委分会及前委会向中央请示报告制度的决议》（1948 年）。从中可以看到党的纪律从宏观到具体操作有一个逐步细化和完善的过程，这也说明中国共产党在逐步成熟壮大。

2. 社会主义革命和建设时期党的监督保障法规建设

新中国成立后，党内监督的制度需求更为迫切。1949 年 11 月，中共中央发出了《关于成立中央及各级党的纪律检查委员会的决定》，成立了中央和地方各级党的纪律检查委员会，检查和审理中央直属各部门及各级党的组织、党的干部和党员的违纪行为。1952 年，中共中央发布《关于加强纪律检查工作的指示》，规定了党委会议要定期讨论纪律检查工作。随后的 1955 年，中国共产党全国代表会议通过了《关于成立党的中央和地方监察委员会的决议》，规定了党的中央和地方各级监察委员会经常检查和处理党员违反党章、党纪和国家法律、法令的案件，负责处理应受党纪处分的行为，使党的监督组织化、制度化。1962 年 9 月，党的八届十中全会通过了《关于加强党的监察机关的决定》，重申对党员首先是对干部的监督,加强了中央和地方各级监察委员会的建设。

3. 改革开放和社会主义现代化建设新时期党的监督保障法规建设

改革开放以来,党的监督保障法规建设不断地得到强化。1997年1月,中共中央办公厅、国务院办公厅印发了《关于领导干部报告个人重大事项的规定》。1997年2月,中共中央办公厅转发了《中共中央纪律检查委员会关于重申和建立党内监督五项制度的实施办法》。2003年12月,中共中央发布《中国共产党党内监督条例(试行)》,把党的各级领导机关和领导干部列为党内监督的重点对象,规定各级纪委是党内监督的专门机关,确立了10项监督制度。此后,对条例的实施不断细化。2005年12月,中共中央办公厅印发了《关于对党员领导干部进行诫勉谈话和函询的暂行办法》。2007年4月,中共中央办公厅印发了《地方党委委员、纪委委员开展党内询问和质询办法(试行)》。2009年7月,中共中央印发了《中国共产党巡视工作条例(试行)》。2010年3月,中央办公厅印发了《党政领导干部选拔任用工作责任追究办法(试行)》。与此同时,中共中央组织部印发了《党政领导干部选拔任用工作有关事项报告办法(试行)》《地方党委常委会向全委会报告干部选拔任用工作并接受民主评议办法(试行)》《市县党委书记履行干部选拔任用工作职责离任检查办法(试行)》。它们构建起了干部选拔任用事前要报告、事后要评议、离任要检查、失职要追究的监督体系。与此同时,这一时期还开展了党内法规的执行力建设。1979年1月,十一届中央纪委一次全会通过了《中共中央纪律检查委员会关于工作任务、职权范围、机构设置的规定》,健全了纪律处分制度。1987年7月,中央纪律检查委员会发布了《关于对党员干部加强党内纪律监督的若干规定（试行）》，对党内纪律监督的任务、内容、方式等作了规定。同月，还印发了《党的纪律检查机关案件审理工作条例》，规范了案件审理工作。1990年11月，中央纪委印发了《关于全民所有制工业企业纪律检查工作的暂行规定》。1993年8月，中央纪委印发了《中国共产党纪律检查机关控告申诉工作条例》，畅通了党员权利救济渠道。1998年11月，中共中央、国务院下发了《关于实行党风廉政建设责任制的规定》，确立了党风廉政建设责任制度，率先建立了问责制。2003年12月，中共中央发布《中国共产党纪律处分条例》，完善了党纪处分规定。2010年1月，中共中央发布《中国共产党党员领导干部廉洁从政若干准则》，对领导干部进行了规范要求。2010年12月，中共中央、国务院修订了《关于实行党风廉政建设责任制的规定》，完善了反腐败领导体制和工作机制的具体制度。

4. 中国特色社会主义新时代党的监督保障法规建设

党的十八大以来，党的监督保障法规建设进一步完善。2015年8月，中共中央修订了《中国共产党巡视工作条例》，进一步规范了党内巡视工作的范围、权限和程序。2017年7月，再一次对《中国共产党巡视工作条例》进行了修订，进一步明确了巡视的范围与内容，理顺了巡视的体制，丰富了巡视方式。2016年11月，中共中央印发了《关于新形势下党内政治生活的若干准则》和《中国共产党党内监督条例》，强化了对干部选任和个人的监督，进一步规范了党内监督体系。2017年1月，中共中央印发了《县以上党和国家机关党员领导干部民主生活会若干规定》，同时废止了1990年《关于县以上党和国家机关党员领导干部民主生活会的若干规定》，完善了民主生活会制度，加强和规范了党内政治生活。

与此同时，奖惩和保障性党内法规也得以进一步完善。比如，进一步明确了领导干部各方面的职责、考核与问责。2015年8月，中共中央办公厅、国务院办公厅印发了《党政领导干部生态环境损害责任追究办法（试行）》，强化了党政领导干部生态环境和资源保护职责。2016年2月，中共中央办公厅、国务院办公厅印发《省级党委和政府扶贫开发工作成效考核办法》，为实现到2020年现行标准下农村贫困人口实现脱贫、贫困县全部摘帽、解决区域性整体贫困出台了专门的考核办法。2016年7月，中共中央印发了《中国共产党问责条例》，规范和强化党的问责工作。2016年12月，中共中央办公厅、国务院办公厅印发了《党政主要负责人履行推进法治建设第一责任人职责规定》，明确规定了党政主要负责人各自的法治建设职责。2017年7月，《中国共产党党内功勋荣誉表彰条例》与国家、军队方面的功勋荣誉表彰条例一同实施，规范了党内对党员、党组织进行褒奖的内容。2017年11月，中央政治局召开会议，审议通过了《中国共产党党务公开条例（试行）》，进一步落实发扬党内民主，增强党的生机活力。

（二）党的监督保障法规建设的成就

中国共产党不断加强党内法规建设，党的监督保障法规不断建立健全。

1. 监督类法规体系基本构建

全面从严治党要求以党内法规为制度保障，对权力运行进行约束。约束性法规的主要功能是预防、制约和矫正，参照纪委"监督、执纪、问责"的职责，实现从监督到审查再到处理的全流程制度供给，做到"有权必有责、用权受监督、失职要问责、违法必追究"。监督类法规是开展党内监督的制度依据，审查与处理类法规与监督工作进行衔接与保障，审查类法规为线索处置与案件审理工作提供制度依据，处理类法规依照案件审理结果，对相关责任人进行惩处。改革开放以来，在可统计到的监督保障法规中（包括现行有效与失效的条例、规定、规则、办法、细则共130部），约束性法规（包括监督类法规、审查类法规、处理类法规）有98部，占比75.4%，是监督保障法规制度的重心所在。

监督类法规有47部，以2016年10月新修订的《中国共产党党内监督条例》为主干法规。监督类法规是直面党的领导弱化、党的建设缺失、全面从严治党不力等问题的第一道制度屏障，各级党组织与全体党员都是制度屏障中的监督主体。《中国共产党党内监督条例》通过构建党中央统一领导，党委（党组）全面监督、纪律检查机关专责监督、党的工作部门职能监督、党的基层组织日常监督、党员民主监督的体系，使自上而下的组织监督、自下而上的民主监督与同级相互监督共同发力，其核心任务是确保党章党规党纪在全党有效执行。监督类法规的重点在于抓早抓小、防微杜渐，强调通过事前监督和主动监督的制度震慑，提升预防的效果，把违规违纪行为化解在苗头阶段，防患于未然。监督类法规所涵盖的考核制度、巡视制度、审计制度、个人事项报告制度、党务公开制度等都可以从《中国共产党党内监督条例》中找到法规依据。

审查类法规有14部，以2019年1月新修订的《中国共产党纪律检查机关监督执纪工作规则》为主干法规，统领检举、检查、立案、搜证、审理等各项执纪环节的配套法规。监督执纪工作是非常严肃的政治工作，要求坚持实事求是的原则，以事实为依据，以法纪为准绳，确保审查的结果经得起检验。因必须坚持双重领导体制，线索处置、立案审查在向同级党委报告的同时应当向上级纪委报告，严控案件审理的质量。与此同时，对执纪工作者的信任不能代替监督，监督检查、审查调查、案件监督管理、案件审理工作不仅要做到相互协调，还要建立相互制约的工作机制，并设立纪检机关的自我监督和内控机制，确保纪检权力受到严格约束，防止"灯下黑"的情况发生。

处理类法规有37部，以《中国共产党问责条例》《中国共产党纪律处分条例》为主干法规。处理类法规的适用客体为党组织、领导干部、普通党员三类。每部法规除规定适用客体外，还需要明确适用情形，如《中国共产党问责条例》规定了领导弱化、思想建设缺失等11类应当问责的情形；《中国共产党纪律处分条例》为党组织和全体党员划定了政治、组织、廉洁、群众、工作、生活6类禁止触犯的纪律。在处理方式上，《中国共产党问责条例》对党组织的问责包括检查、通报、改组；对领导干部的问责包括通报、诫勉、组织调整或者组织处理、纪律处分。《中国共产党纪律处分条例》规定党组织违犯党纪应当受到改组或解散的处分，对党员的纪律处分包括警告、严重警告、撤销党内职务、留党察看、开除党籍。尽管党组织和党员违纪的既成事实需要受到惩处，但问责和处分不是此类法规的最终目的，"惩前毖后、治病救人"才是贯穿法规运行过程的价值依归。《中国共产党纪律处分条例》将监督执纪"四种形态"写入总则，意在惩治极少数，教育大多数，在保持高压震慑态势的同时，起到更多的矫正作用。

2. 保障性法规逐步完善

保障性法规在党的十八大之后得到越来越多的重视，这与党员主体地位的强化有密切联系。落实党员主体地位，必须以保障全体党员平等享有党章规定的党员权利为前提条件。强化权利保障，需要足够权威、完备的法规做支撑，因此保障性法规与监督性法规并列组成党内法规制度基本框架的第四大板块。此外，党内关怀帮扶，党员权利保障，信息、督查、机要密码工作等方面的法规制度也提上了制定或修订的规划日程，其权威性与完备程度逐渐提升。保障性法规包括权利保障和工作保障两类，主要功能是救济与规范。

权利保障类法规针对的客体是"人"，主要作用是保护党员权利，以《中国共产党党员权利保障条例》为主干法规。此类法规的作用是将党章规定的党员权利予以细化，并以制度的形式加以尊重和保护，申明党的任何一级组织、任何党员都无权剥夺其权利。党员有党内知情权，有权按照规定参加党的有关会议、阅读党的有关文件，了解党的路线、方针、政策和决议。党组织应当通过告知议题、提供阅读文件等方式创造保障党员参加会议的条件。党组织有权依据保障类法规对侵权行为采取责令停止侵权行为、责令赔礼道歉、责令作出检查、诫勉谈话、通报批评等处理方式，情节较重的，可以给予党纪处分。尊重和保障党员主体地位，反映了党内民主的价值取向，但相比约束性法规，权利保障类法规仅占监督保障法规的4.6%，与目前党内民主建设的要求还不相匹配，是监督保障法规制度建设的薄弱环节。

工作保障类法规针对的客体是"行为"，主要作用是为党务工作的开展确立制度保障。党务行为可以分为"要式行为"与"非要式行为"两种，前者要求党务行为必须满足制度确立的某种方式和形式，后者允许行为主体自由裁量、视情况选择行为方式。将更多的党务行为纳入制度轨道，是提高党建科学化水平的题中应有之义，可以避免党务行为失之随意、不可预期。这要求加快工作保障类法规建设，推动各项党务工作制度化、规范化。目前公开可查的工作保障类法规共16部，主要涉及党内机关档案工作、党内法规制定工作、公文处理工作、保密工作、统计与信息化工作，法规建设较为分散，尚未出台统摄整个子类别的主干法规。在监督保障法规中，保障性、激励性、约束性法规并非相互割裂，而是有机关联、互相作用的，体现了"严管和厚爱结合、激励和约束并重"的原则。保障性法规对党员主体地位的保障，有利于党员监督权的行使，进而为党内监督体系提供自下而上的力量，促使约束性法规更好地发挥效力。公文备案与党内统计也是一种特定形式的党内监督工作，完善工作保障类法规，可以促使党务信息公开，规范权力运行，减少信息不对称导致的权力滥用、私用空间。激励性法规为约束性法规提供侧翼支持，在强化约束的同时为全体党员提供正向引领，用组织的"温度"补充组织的"力度"。约束性法规也为保障性和激励性法规提供保护，一切侵犯权利、干扰工作、误用激励的行为都要受到党纪惩处。

(三) 党的监督保障法规建设的要求

1. 必须始终坚持党内监督与党外监督相结合

党的执政地位决定了党内监督在党和国家各种监督形式中是最基本和最有效的。但是，只有将党内监督与党外监督相结合，形成监督合力，才能产生最大限度的监督成效。改革开放以来，党和国家在发展监督制度中始终注重这一点。1990年3月，党的十三届六中全会通过《中共中央关于加强党同人民群众联系的决定》，指出要建立和完善党内监督与党外监督，自上而下的监督与自下而上的监督制度。1994年9月,党的十四届四中全会通过《中共中央关于加强党的建设几个重大问题的决定》，强调要把党内监督同群众监督、舆论监督、民主党派和无党派人士的监督结合起来，把自上而下的监督和自下而上的监督结合起来，逐步形成强有力的监督体系。2017年10月，党的十九大报告中提出，"要构建党统一指挥、全面覆盖、权威高效的监督体系，把党内监督同国家机关监督、民主监督、司法监督、群众监督、舆论监督贯通起来，增强监督合力"。此后，党中央在全国积极推进国家监察体制改革，聚焦多种形式的监督力量，使党内监督和外部监督同向发力。

2. 必须围绕增强监督合力不断修订完善国家法律和党内法规体系

改革开放40多年来，我们党围绕增强监督合力，不断修订完善国家法律和党内法规体系。在监督法律体系方面，先后颁布和修订了《中华人民共和国宪法》《中华人民共和国公务员法》《中华人民共和国监察法》以及各类监督法规，推动了国家监督法律体系的完善。在党内法规体系方面，中央先后颁布和修订了《中国共产党廉洁自律准则》《中国共产党纪律处分条例》《关于新形势下党内政治生活的若干准则》《中国共产党党内监督条例》《中国共产党巡视工作条例》《中国共产党问责条例》等，还制定了相关实施意见、办法，推动了党内监督法规体系的完善。通过不断修订完善国家法律和党内法规体系，党和国家监督制度逐步走向法律化、规范化和制度化，对公权力监督渠道不断拓宽，监督效能也不断加强，有力推进党要管党、全面从严治党与国家治理体系和治理能力现代化建设。

3. 必须持续加强对权力的监督制约

1996年1月，江泽民同志在十四届中央纪委六次全会上讲话指出：

"干部权力越大,责任就越大,对他们运用权力的行为就越应当严格监督。"2003年12月,中共中央发布《中国共产党党内监督条例(试行)》,更是首次以党内法规的形式,将各级领导机关和领导干部,特别是各级领导班子主要负责人确立为党内监督的重点对象和"关键少数"。2016年10月,党的十八届六中全会修订颁布的《中国共产党党内监督条例》指出,"党内监督必须加强对党组织主要负责人和关键岗位领导干部的监督,重点监督其政治立场、加强党的建设、从严治党,执行党的决议,公道正派选人用人,责任担当、廉洁自律,落实意识形态工作责任制"。2015年7月,全国人大常委会表决通过关于实行宪法宣誓制度的决定,"接受人民监督"成为人大选举和任命的国家工作人员的铮铮誓言。

展望新时代,勇于自我革新、自我完善的中国共产党,将牢记使命,继续推动党和国家监督制度建设迈上新台阶。

第五章

统筹推进各环节党内法规制度建设

作为规章制度的党内法规既具有政治属性又具有制度属性，其双重属性必然贯穿于党内法规建设的各环节之中。党内法规建设的主要环节包括党内法规的制定、宣传、执行和监督，党内法规的宣传主要体现了其政治属性，而党内法规的制定、执行和监督更充分地体现了其制度属性。当然，在实践过程中，党内法规各环节的政治属性和制度属性是辩证统一、不可分割的。

一、科学有效制定党内法规

党内法规制定体现党的执政理论和价值理念，是对其进行宣传、执行和监督的前提，在四个主要环节中具有先导性意义，对后续工作直接产生影响。党内法规建设的科学有效性主要表现在：展望未来的前瞻规划、立足当下的建章立制、放眼过去的法规清理和着眼过程的备案审查工作。

（一）展望未来做好前瞻规划

建党之初，中国早期的马克思主义先驱就对共产党的建党学说进行过积极的探索，在思想上为创立中国共产党做好准备。1921年7月党的一大通过的《中国共产党第一个纲领》表明，中国共产党从建立开始就旗帜鲜明地把实现社会主义、共产主义作为自己的奋斗目标。一大党纲中明确指出，"必须支援工人阶级"，"党的根本政治目的是实行社会革命"等，奠定了我们党的前进方向和基石，体现了党的人民立场和唯物史观，是极具战略眼光的。

延安时期，在1938年召开的党的六届六中全会上，毛泽东同志作《中国共产党在民族战争中的地位》的讲话，第一次提出"党内法规"这一前瞻性概念："还须制定一种较详细的党内法规，以统一各级领导机关的行动。"党内法规概念的提出，不仅针对张国焘在长征途中的错误路线，也反对党内个人主义倾向，维护党内团结，使我党初步探索出法规治党的新路子。

解放战争时期制定了一系列党内法规，至今仍具有重要价值。如：建立请示报告制度，维护党的集中统一领导；建立各级党代表大会、代表会议制度和建立健全党委会议制度，发展党内民主；建立公开建党制度，健全党员教育管理监督制度；制定进入城市工作纪律，提出"两个务必"的思想和"六条规定"，完善党员纪律处分制度；建立中央法律委员会，协助中央研究与处理有关全国立法和司法问题的工作。

新中国成立初期，中共中央针对党员干部的腐败问题，制定了一系列关于党的纪律、党的纪检监察工作的党内法规，以及反贪污、反浪费、反官僚主义的党内法规。如1951年12月1日，中共中央颁布了《关于实行精兵简政、增产节约、反对贪污、反对浪费和反对官僚主义的决定》。这些党内法规成为我国制定惩治贪污贿赂犯罪法律的参考依据，十分具有前瞻性。

改革开放和社会主义现代化建设新时期，邓小平同志曾指出，"领导制度、组织制度问题更带有根本性、全局性、稳定性和长期性"①，"制度问题不解决，思想作风问题也解决不了"②。1979年1月，第十一届中央纪律检查委员会第一次全体会议讨论并拟定了《关于党内政治生活的若干准则（草案）》。1979年2月，中央政治局就原则通过了《关于党内政治生活的若干准则（草案）》，于1980年2月在党的十一届五中全会上通过，成为党章条例的重要补充。该准则中提出：坚持党的政治路线和思想路线；坚持集体领导和反对个人专断；坚持党性，根绝派性；要讲真话，言行一致；发扬党内民主；等等。至今仍然具有现实意义。

进入新时代，党内法规建设更加完备和着眼长远。党的十九大明确

---

① 《邓小平文选》第二卷，人民出版社1994年版，第333页。
② 同上书，第328页。

"依规治党"的提法，习近平总书记强调："加强党内法规制度建设是全面从严治党的长远之策、根本之策。"① 也就是说，党内法规是要管长远、管根本的。在制度建设上，要做长期的打算，法规制定就不能只顾眼前；在政治建设上，要管根本，而不能偏离中心和大局。2013年11月27日，《中央党内法规制定工作五年规划纲要（2013—2017年）》对今后5年中央党内法规制定工作进行统筹安排，提出了指导思想、工作目标、基本要求、主要任务和落实要求，确定了一批党内法规重点制定项目。

党内法规制度体系的制定既有利于增强中国共产党依法执政的本领，又有利于加强和改善对国家政权机关的领导。

党内法规制定的前瞻性即长期性、稳定性、连续性、持久性，要着眼未来，不随意改变。党的长期执政决定了党内法规制定的前瞻性，全面从严治党要求党内法规制定要注重长远。第一，既要注意将一些成功经验与有利举措转化为制度性法规，又要注意法规的普遍性和适用性。第二，既要注重法规制度的创新性，又要考虑法规的时效性。第三，要区别对待短期、中期、长期法规的制定。对于长期法规，要注重规律性、理论性、概括性、前瞻性和稳定性，避免出现朝令夕改或规制盲点的现象。第四，要做好预判，对现实性和前瞻性进行整体性考虑，找到平衡点，避免地方化和片面性。第五，注意法规制定中的普遍性与特殊性的辩证统一。避免盲目地将一些地方特色鲜明的法规进行普及化，尽量先行试点和详细论证。

党内法规制定的规范性要求既体现政治性又体现法理性，即注意文

---

① 中共中央党校（国家行政学院）：《习近平新时代中国特色社会主义思想基本问题》，人民出版社、中共中央党校出版社2020年版，第388页。

字概念表述的准确、规范、简洁，避免出现歧义，出现机械照搬"红头文件"或领导人讲话情况。要准确使用概念或名称，如："准则"是对党内生活中具有全局性、框架性的重要问题的规定；"条例"则是对党内监督制度作出系统安排，是党内法规中具有基本性、宏观性、母体性的规范。

党内法规的制定、调整、解释都有明确的职责机关，《中华人民共和国立法法》和《中国共产党党内法规制定条例》对国家法律与党内法规在制定主体、表现形式、制定程序、适用范围、实施保障等进行了界限和范围区分。

严格遵守立规规范。如《中国共产党党内法规制定条例》（2012年5月26日）、《中国共产党党内法规和规范性文件备案规定》（2012年7月1日）、《中共中央关于全面深化改革若干重大问题的决定》（2013年11月12日）、《中央党内法规制定工作五年规划纲要（2013—2017年）》（2013年11月27日）、2017年颁布的《关于加强党内法规制度建设的意见》等。这些文件对党内法规制定技术规范提出要求，为党内法规制定的规范性提供了制度遵循。

严格区分各级党组织的规章制度与党内法规的差别，严格区分党内法规与党内规范性文件的差别。一方面，党内法规毕竟不同于国家法律，二者的主体、客体、范围、功能等都不一样；另一方面，二者又都属于社会主义法治体系的内容。因此，党内法规制定的规范性尽管不完全相同于国家法律，但法律规范性仍对党内法规制定具有借鉴意义。同时，在党内法规制定过程中，还考虑了纪法分开，党规党纪既不脱离法律，又不与法律规定相重复，避免出现纪法不分、以规代法的问题。

只有规范严谨的党内法规才能真正在保障党员基本权利的同时提升

党建治理效能，规范完备的党内法规有利于推进党建制度化、规范化、程序化，有利于提高党科学、民主、依法执政水平。

（二）立足当下适时建章立制

党内法规建设是一个动态发展过程。在不同时期，中国共产党根据当时实际情况，针对党内出现的实际问题，以党章为根本遵循，建立了不同的党内法规制度。

1. 注重党内法规建设的时代性

建党以来，根据时代发展和形势变化，中国共产党就十分重视修改和完善党内法规，特别是党章。新民主主义革命时期，组织规模的发展和组织任务的变化是党内法规建立和发展的内在动因。党组织成立之后，关于党费的征收、移交、使用等，需要用制度加以规范。党的一大制定了一个简略的党纲，随着革命形势变化，党员数量和地方党组织数量的增加，党的二大讨论通过了第一部《中国共产党章程》。党的三大、四大都对党章进行了修订。1927年4月，中共五大第一次明确提出"集体领导"和"民主集中制"原则，针对的是以陈独秀为代表的右倾机会主义路线。

四一二反革命政变后，革命形势低落，有一些党员经不起考验，退党、叛党行为时有发生，而当革命形势好转时，一些投机分子又趁机混入党内，这些都需要以制度来规范。至党的五大召开前，党员人数已超过5.79万人，1927年6月，中央政治局通过党章修正案，对党章进行了较大改动，是党章史上条目最多的版本。在苏联召开的党的六大通过的党章具有苏共党章的特征，如规定中国共产党必须无条件执行共产国际决议。1929年12月召开的古田会议开启了思想建党之先河，《古田会议决议》在很多方面发挥了党章作用。1938年10月，毛泽东同志在党的六届六中全会上作《论新阶段》的政治报告，提出"党内法规"这一概念。强调党的日常管理工作必须重申"个人服从组织、少数服从多数、下级服从上级、全党服从中央"四项最重要的纪律。同时，随着革命形势的变化，需要用党内法规的形式对正确的路线方针加以规定，"还须制定一种较为详细的党内法规，以统一各级领导机关的行动"①。七大党章反映了党的发展实际需要和鲜明的中国特色，是党第一次在不受外力干涉下独立制定的党章，也是新民主主义革命时期最成熟的党章。

新中国成立后，中国共产党作为执政党面临新的考验，一方面要继续加强以往的党员思想教育，另一方面要从国家制度和党的制度上加强党的领导，并对党组织和党员进行监督。这一时期，出台了《关于加强干部管理工作的决定》（1953年）、《中共中央关于处理受刑事处分的共产党员党籍问题的规定》（1954年）、《中央关于今后庆祝党的诞生纪念日的办法的决定》（1953年）、《中央关于党内同志之间的称呼问题的通知》（1965年）等法规，这些法规正是应乎当时的国情、党情而制定的。

从新中国成立初期到1956年，我党在七大党章的指导下继续革命和建设，而党组织的规模和党员数量迅速增长，中国共产党成为名副其实的执政党。掌握公权力的执政党面临腐败的危险，加强党内纪律和监督是抵制腐败的重要手段。八大党章强调了党组织自身建设和民主集中制原则，反对新形势下出现的官僚主义等新问题，但八大党章减去了

---

① 《毛泽东选集》第二卷，人民出版社1991年版，第528页。

"毛泽东思想"的提法。1969年修订的九大党章突出"无产阶级专政下继续革命"理论，影响了党内法规的发展进程。"林彪事件"后，党的十大提前召开，十大党章删除了九大党章中关于林彪的一些表述，但延续了之前的"左"的错误。邓小平同志评价说："九大、十大搞的党章，实际上不大像党章。"① 1977年党的十一大通过的党章虽未彻底否定十大党章，但回归对规矩制度的重视。

改革开放初期，党中央根据当时实际情况订立了一批党风廉政建设方面的党内法规。如：1979年11月10日，针对党内少数领导干部利用职权谋取私利，在生活上搞特殊化，损害党的威信的现状，中共中央、国务院颁布《关于高级干部生活待遇的若干规定》。1979年2月，中央政治局会议原则通过《关于党内政治生活的若干准则（草案）》，经过广泛征求意见和几次修改后，1980年2月党的十一届五中全会正式讨论通过这一准则。该准则反对个人专断，根绝派性，主张讲真话，正确对待不同意见等，这是对"文化大革命"期间同林彪、"四人帮"斗争的经验教训总结，是对党章的补充。1982年通过的十二大党章进行了诸多完善，清除了"左"倾错误思想残余、恢复了党的工人阶级属性、强调民主集中制和党的纪律等。1985年2月，当时机关作风中出现了几个严重问题，一些中央三令五申加以制止的不正之风和腐败现象不但没有刹住，反而出现新情况、新问题，严重损害党在群众中的形象和威望。针对这些问题，1985年12月，中共中央办公厅、国务院办公厅遵照中央书记处和国务院批示，发出"纠正不正之风的六条规定"：（1）坚决刹住争相购买和更换进口小轿车的不正之风；（2）坚决刹住

---

① 《邓小平文选》第二卷，人民出版社1994年版，第269页。

滥派人员出国的不正之风；（3）坚决制止党政干部挥霍公款到处旅游；（4）严禁铺张浪费、请客送礼；（5）严格禁止党政干部在工资和机关集体福利以外获取不正当的收入；（6）对于党政机关、领导干部及其子女、配偶利用职权和各种方便违反规定经商牟利的，中央责成各级纪律检查机关和各级政法机关，严加检查。凡是情节严重的，该受党纪处分者即按党纪处理，该由国家政法机关法办的即依国法处理。领导干部犯有这种错误的，加重处理。① 随着资产阶级自由化思潮在党内的出现，十三大党章突出了党内民主，但取消了党组的规定，在一些机关削弱了党的领导地位。十四大党章突出强调了"党的纪律"，恢复设置党组。十五大党章确立邓小平理论为党的指导思想，十六大党章把"三个代表"重要思想确立为党的指导思想，十七大党章增加中国特色社会主义相关内容，都体现了党章的时代性。

进入新时代，为了规范党内法规制定工作，提高党内法规质量，形成完善的党内法规体系，推进依规治党，根据实际情况，中共中央制定并修订了《中国共产党党内法规制定条例》。该条例规范了报批程序，厘清了党内法规与党内规范性文件的关系，明确了中央组织、中纪委和中央各部门以及省级党委享有党内法规制定权。该条例赋予副省级城市和省会城市党委党内法规制定权，这一制度设计并非空穴来风，而是经过先期探索和试点之后最终确定下来的。早在 2017 年 6 月，中共中央就印发了《关于加强党内法规制度建设的意见》，该意见探索了在基层党建和作风建设等方面副省级城市和省会城市党委的党内法规制定权。先期安排了沈阳等 7 个副省级城市和省会城市进行首批试点制定党内法

---

① 王振川主编：《机关党的工作手册》，档案出版社 1990 年版，第 464 页。

规。该意见一改以往只有"红头文件"这种党内规范性文件方式,加强了党内法规的严肃性、权威性和规范性。

党的十八大以来,修订了200多部中央党内法规,充实了党内法规体系,强调从严治党总要求。党的十九大以来设立国家监察委员会,为党内法规的科学制定提供了制度保障。

鲜明的时代性不仅体现在党章的修订上,在其他党内法规的制定和修订上也是如此。以党内巡视制度为例,在中国共产党创立之初就由中央派遣"特派员"对地方进行巡行指导,上传下达各种文件。1922年二大党章规定:"中央执行委员会得随时派员到各处召集各种形式的临时会议,此项会议应以中央特派员为主席。"① 1928年10月,中央通过《中央通告第五号——巡视条例》。1931年,党中央通过的《全国组织报告的决议案》正式提出"必须建立完全的巡视制度"②。1932年3月,《中央巡视条例》经中央组织局审查通过,确立巡视员作为中央对各地党组织考察和指导的全权代表职责,是党内巡视制度正式确立的标志。但是,拥有"全权代表"的巡视员以"钦差大臣"自居,推行王明"左"倾错误路线,给党造成了损失。在抗日战争时期,党中央根据实际情况,对巡视员的权力进行了弱化。1938年11月,党的扩大的六届六中全会上通过了《关于各级党部的工作规则与纪律的决定》明确:"巡视员没有决定与强制下级党委执行的权力。但在特殊情形之下由上级党委委托,授巡视员以此项特权者除外。"③ 这是对巡视制度的

---

① 《中国共产党历次党章汇编》编委会编:《中国共产党历次党章汇编(1921—2012)》,中国方正出版社2012年版,第55页。
② 中共中央组织部、中共中央党史研究室、中央档案馆编:《中国共产党组织史资料》第八卷,中共党史出版社2000年版,第398页。
③ 中共中央文献研究室、中央档案馆编:《建党以来重要文献选编(1921—1949)》第十五册,中央文献出版社2011年版,第773页。

一次重要纠偏和完善。2017年正式公布了新修订的《中国共产党巡视工作条例》，巡视制度成为党内监督的重要形式，不断发展完善，是全面从严治党的重要抓手。正是巡视制度，使山西系统性塌方式腐败、湖南衡阳破坏选举案、四川南充和辽宁拉票贿选案等重大问题线索得以发现。据悉，中央纪委立案审查的中管干部案件中，超过60%的问题线索来自巡视。可见，不同时代的巡视制度能发挥不同的效能。

党内法规建设随着时代变化而变化。比如，抗日战争时期，时任中共中央晋察冀分局（北方分局）书记的彭真说："一个狭小的地下党，无制度也可以勉强办事。像今天这样一个群众性的、握有政权军队、工作范围都很大的党，若没有在党政军民各方面及上级与下级建立一套完整的制度，却无法领导了"，"（晋察冀）边区这样一个根据地将来会有上万的干部（现在是七八千支部），要不在各方面把制度建立起来，领先制度去进行日常工作（例行的工作），领导机关忙死也无法把工作贯彻下去，把党的政策彻底实现"。① 而在解放战争时期，由于党组织和解放区地盘的迅速扩大，党中央曾多次强调严格执行党内请示报告制度。

进入21世纪，面对新的形势，党的政治建设理论随着党内法规的发展与时俱进。党的十八大以来，随着新形势的发展变化，依规治党得到进一步加强。2015年建立中央党内法规工作联席会议制度并召开联席会议第一次会议，此后党内法规如雨后春笋般涌现出来，中央先后制定和修订了180多部党内法规，构建起党内法规体系的"四梁八柱"。党内法规体系针对时代问题，解决时代之需，具有鲜明的时代性。比

---

① 彭真：《关于晋察冀边区党的工作和具体政策报告》，中共中央党校出版社1981年版，第164—165页。

如：针对干部人事档案问题制定《干部人事档案工作条例》，针对支部工作流程制定《中国共产党支部工作条例》，针对中央纪委国家监委工作出台《关于深化中央纪委国家监委派驻机构改革的意见》，针对督查检查考核工作的不规范问题出台《关于统筹规范督查检查考核工作的通知》，等等，这些党内法规都布满了时代的印记。

党内法规的建章立制不是头脑发热的一时之举，而是植根实践的制度安排。根据中组部统计数据，截至2021年6月5日，中国共产党党员总数为9514.8万名，党的基层组织486.4万个。如此超大规模的党员群体，要进行科学治理的同时，还要处理好党员、党组织、党外主体之间及其内部的各种错综复杂的关系，最终实现中国共产党领导的现代治理，这对于制定科学、完备的党内法规体系而言，本身就是一个巨大的挑战。制定这样的规章制度，在国外党派中并没有先例或成功的经验。因此，党内法规的制定就必须立足中国实践和中国实际，只能结合众多基层党组织的实践经验，进行综合性的理性设计。

在党建实践中，难免会遭遇这样那样的困难，这些困难归根到底还是制度的不健全所致。因此，党的十九大以来，习近平总书记强调要搞好制度的"供给侧结构性改革"。2019年7月9日，习近平总书记在中央和国家机关党的建设工作会议上发表重要讲话强调："要搞好制度'供给侧结构性改革'，空白缺位的抓紧建立，不全面的尽快完善，成熟经验及时推广。"也就是说，党内法规制度供给不足、笼子不紧，是很长一段时间内党内腐败问题和党群关系问题的根源。因此，必须以改革创新精神补齐制度短板，即党内法规的"供给侧结构性改革"。

2. 注重党内法规建设的人民性

人民性是法律的最根本特征，也是衡量法律质量的根本标准。党内法规严于国家法律，因此，党内法规制定更注重人民性，坚持走群众路线。

在建党初期，中国共产党就十分注重依靠群众和发动群众，提出"为天下劳苦大众谋幸福"的追求目标。1922年召开党的二大，明确要求做好群众工作。1925年10月，中共中央执委会扩大会议的决议指出："中国革命运动的将来命运，全看中国共产党会不会组织群众、引导群众。"土地革命时期，毛泽东同志提出"三大纪律八项注意"，极大地改善了官兵关系和军民关系，使队伍不断壮大，战斗力不断增强。毛泽东同志在他的指示、报告、讲话、文章当中，阐述了关于组织群众、宣传群众、发动群众、关心群众、相信群众、依靠群众、教育群众等的一系列问题，特别是在1929年的《古田会议决议》中初步阐述了群众路线。1939年，党的历史上通过第一个关于群众工作的文件《中共中央关于深入群众工作的决定》。1943年6月，毛泽东同志在为中共中央起草的《关于领导方法的若干问题》中提出："在我党的一切实际工作中，凡属正确的领导，必须是从群众中来，到群众中去。""然后再从群众中集中起来，再到群众中坚持下去。如此无限循环，一次比一次地更正确、更生动、更丰富。"刘少奇同志在党的七大上关于修改党章的报告中专门讲了群众路线。

新中国成立后，党坚持一切工作的根本目的是"最大限度地满足人民的物质生活和文化生活的需要"。在1956年党的八大上，党的群众路线在党章中得到了进一步发展和完善。邓小平同志在《关于修改党的章程的报告》中指出："群众路线是我们党的组织工作中的根本问题，是党章中的根本问题，是需要在党内反复进行教育的。"1958年通过的《中共中央关于整风问题的指示》，1960年通过的《中共中央关于反对官僚主义的指示》，1963年通过的《关于试行建立共产主义小组的意见》等党内法规，都饱含党对人民利益的切实维护，对人民群众的深厚感情。1981年6月，党的十一届六中全会上通过的《关于建国以来党的若干历史问题的决议》中，将"群众路线"定性为毛泽东思想活的灵魂之一。党的十大党章提出党的三大作风之一是"密切联系群众"。1977年党的十一大通过的新党章提出"全党必须保持和发扬群众路线、实事求是的优良传统"。十二大党章中指出："党坚持用共产主义的思想教育群众，并在自己的工作中实行群众路线，一切为了群众，一切依靠群众，把党的正确主张变为群众的自觉行动。"1990年3月，党的十三届六中全会通过《关于加强党同人民群众联系的决定》，进一步丰富了群众观点。从十四大至十八大的党章，将群众路线的经典表述巩固了下来。2003年通过的《中国共产党党内监督条例（试行）》将"密切联系群众，实现、维护、发展人民群众根本利益的情况"作为党内监督的重点内容。

进入新时代，习近平总书记多次强调"党性和人民性"的统一，要把人民利益放在首位，以人民为中心。党的十八大以来，中国共产党制定了一系列党内法规，无不体现了人民主体地位，无不体现以人民为中心的发展理念。2012年12月中共中央印发的《十八届中央政治局关于改进工作作风、密切联系群众的八项规定》，指出要"从人民群众中汲取政治营养，多同群众座谈"，"减少扰民"等。2016年10月27日，中国共产党第十八届中央委员会第六次全体会议通过的《关于新形势下党内政治生活的若干准则》郑重指出："人民立场是党的根本政治立场，人民群众是党的力量源泉。我们党来自人民，失去人民拥护和支持，党就会失去根基。必须把坚持全心全意为人民服务的根本宗旨、保持党同人民群众的血肉联系作为加强和规范党内政治生活的根本要求。"

3. 注重党内法规建设的政治性

制定党内法规的根本遵循是党章,"把党的政治建设摆在首位,思想建党和制度治党同向发力"。无论管党治党还是订立党内法规,党章都是根本性纲领,是不可逾越的政治红线。政治建设是首要的党建,是党的建设的根本问题和核心问题,也是新时代的要求。政治建设管总方向,涉及党的政治纲领和政治路线的实现,在法规制定过程中,如果迷失了政治方向,将对党的建设方向产生严重误导,使党的路线方针政策得不到贯彻执行。思想建党与制度治党并行不悖,这是管党治党的基本方略。

党的一大通过的《中国共产党第一个纲领》就提出了鲜明的政治纲领,提出"推翻资本家阶级的政权""承认无产阶级专政"等。党的五大首次提出了"政治纪律",并强调"党内纪律非常重要,但宜重视政治纪律"[①]。1927年11月,《政治纪律决议案》规定遵守政治纪律是"每一个共产党所必具的最低条件"[②]。在1938年召开的党的六届六中全会上,毛泽东同志提出"党规"概念,刘少奇同志作关于党规党法的报告,推动党的政治建设理论。1945年党的七大修订的党章总纲中对党员提出的明确要求实质是抓党的政治建设。1949年3月召开的党的七届二中全会提出"不做寿、不送礼、少敬酒、少拍掌、不以人名作地名、不要把中国同志与马恩列斯平列"的六条政治规矩。1980年2

---

① 中共中央文献研究室、中央档案馆编:《建党以来重要文献选编(1921—1949)》第四册,中央文献出版社2011年版,第208页。

② 同上书,第642页。

月党的十一届五中全会通过的《关于党的政治生活若干准则》第一次正式出现"党内政治生活",并从12个方面予以规范,如,"要按照马克思主义的原则,正确认识和处理领袖、政党、阶级和群众的关系。"①

2012年5月26日,中共中央发布的《中国共产党党内法规制定条例》明确规定了党内法规制定必须坚持的六条原则:"(一)坚持正确政治方向,增强'四个意识'、坚定'四个自信'、做到'两个维护';(二)坚持从党的事业发展需要和全面从严治党实际出发;(三)坚持以党章为根本,贯彻党的基本理论、基本路线、基本方略;(四)坚持民主集中制,充分发扬党内民主,维护党的集中统一;(五)坚持党必须在宪法和法律的范围内活动,注重党内法规同国家法律衔接和协调;(六)坚持便利管用,防止繁琐重复。"政治原则在党内法规的制定中受到重视。在党的十八大以来制定的若干规定中,如《中共中央政治局关于加强和维护党中央集体统一领导的若干规定》、"中央八项规定"、《中国共产党巡视工作条例》、《中国共产党问责条例》、《中国共产党重大事项请示报告条例》等,"两个维护"的政治原则都有体现。

2016年7月1日,习近平总书记在庆祝中国共产党成立95周年大会上的重要讲话中,第一次提出"增强党内政治生活的政治性、时代性、原则性、战斗性"。党的十八届六中全会审议通过的《关于新形势下党内政治生活的若干准则》集中体现了党的政治建设理论创新;明确提出党要管党必须从党内政治生活管起,从严治党必须从党内政治生活严起,着重紧抓党的政治纪律;强调全党,特别是党的高级干部要坚

---

① 中共中央文献研究室编:《三中全会以来重要文献选编》上,人民出版社1982年版,第363页。

定理想信念；指出"全党必须牢固树立政治意识、大局意识、核心意识、看齐意识，自觉在思想上政治上行动上同党中央保持高度一致""我们党来自人民，失去人民拥护和支持，党就会失去根基。必须把坚持全心全意为人民服务的根本宗旨、保持党同人民群众的血肉联系作为加强和规范党内政治生活的根本要求"等。党的十九大报告强调，要增强党内政治生活的政治性、时代性、原则性、战斗性，自觉抵制商品交换原则对党内生活的侵蚀，营造风清气正的良好政治生态。

党内政治生态也要"绿水青山"，也要"蓝天保卫战"，就需要进行政治文化和政治生活的纯洁净化，并形成制度化方式，积极营造党内政治生态健康活泼的环境。

（三）放眼过去推进法规清理

1. 党内法规清理与修订的原因

党内法规清理是指对一定范围内的党内法规进行全面审查和科学评估，并进行修改、补充、废止等的活动。对党内法规的修订与清理是制度本身发展的内在规律使然。党内法规清理的科学化是建设和完善党内法规制度的现实需要，对党内法规清理进行标准化设置和管理有利于党内法规建设。

一是适应时代发展和党情国情变化的需要。一些旧的党内法规具有当时的时代特征，随着时代的进步与发展已不合时宜或已无法执行，若不及时清理将会影响党内法规体系的科学性。建党初期、新中国成立初期以及改革开放之前制定的一些党内法规，已不适应当今时代发展要求。如，1962年9月，党的八届十中全会通过的《农村人民公社工作条例》，由于该条例中的"人民公社"已不存在，理应清除。又如，有关反腐倡廉的党内法规制定年代过于久远,《中国共产党纪律检查机关控告申诉工作条例》《党的纪律检查机关案件审理工作条例》等存在了20多年;在组织建设方面,《中国共产党地方组织选举工作条例》《中国共产党基层组织选举工作暂行条例》等都是20世纪90年代的产物,严重落后于现实的需要。同时,随着中国共产党执政理论治国经验的丰富、一系列新的重要指示的出台,一些体现过去某段时间的党内法规需要进行清理。随着党内法规数量的不断增加,党内法规体系更加复杂,不及时清理过时的党内法规有可能对执行带来障碍。

二是一些党内法规存在制定程序不够严谨、内容不够科学,部分党规存在内容重叠交叉,甚至相互矛盾与冲突等问题。清理党内法规对于有效解决文件之间存在的不适应、不协调、不衔接、不一致问题是十分必要的,是建立统一协调的党内法规体系的基础。适时清理党内法规有利于化解内部及外部的矛盾。例如,"文化大革命"期间及其前后制定的党内法规和规范性文件存在矛盾和冲突,不进行清理与修订就不利于党的工作的正常开展。再如,《中国共产党农村基层组织工作条例》《中国共产党党和国家机关基层组织工作条例》《中国共产党工作机关条例(试行)》等规范对象明显重合,不利于党内法规体系构建。

三是党内法规清理有助于形成开放的立法系统。有计划、有步骤地清理党内法规,明确继续适用的党规,优化党内法规结构,使党内法规制度体系不断朝着科学化、规范化和系统化方向发展。

四是党内法规清理有助于执行党内法规,有利于全面从严治党真正落到实处。通过对党内法规的研究、分析、评估和清理,既防止内部相抵触带来的执行障碍,又防止与国家法律相违背影响其严肃性,有利于全面从严治党,提高党内法规的权威性和科学性,推动社会主义法治国家建设。

2. 党内法规清理与修订的原则

党的一大开始就对党纲的修改权进行了规定:"本纲领须全国代表大会三分之二代表同意,始得修改。"党的二大上第一次明确规定党章的修改权和解释权,党的二大通过的党章规定:"本章程修改之权,属全国代表大会,解释之权属中央执行委员会。"1923年7月党的三大通过的党章,是中国共产党首次修改的党章。

《中共中央关于建立老干部退休制度的决定》(1982年)、《中国共产党地方组织选举工作条例》(1994年)、《中国共产党基层组织选举工作暂行条例》(1990年)、《中国共产党地方委员会工作条例(试行)》(1996年)、《中共中央保密委员会关于高级干部保守党和国家秘密的规定》(1990年)、《党政领导干部考核工作暂行规定》(1998年)、《关于党政机关县(处)级以上党员领导干部违反廉洁自律规定购买、更换小汽车行为的党纪处理办法》(1996年)、《中国共产党党员权利保障条例》(2004年)、《中国共产党发展党员工作细则(试行)》(1990年)、《中国共产党纪律处分条例》(2003年)等,这些党内法规涉及党内法规的有关清理要求,但只是原则性地规定了一个大致方向。

1979年,中共中央印发了《中共中央关于清理历史遗留问题中涉及到有关中央文件的处理办法的通知》,这是中国共产党历史上第一部专门用于指导和处理党内法规清理工作的规范性文件。对于中央文件的清理原则,该通知指出:新旧中央文件涉及的内容、提法和决定存在矛盾和抵触的情形,一律以新文件为准,旧文件的整体或部分自然失效;对中央曾同意和转发的报告及其他文件,则根据错误情形进行完全或部分纠正。① 文件规定，"按照党的一贯原则，中央过去所发文件的内容、提法和决定，同中央新发文件的内容、提法和决定相矛盾、相抵触的，一律应以新的文件为准，旧的文件或者其中的有关部分自然失效，除少数特殊情况外，不必再一一宣布撤销。""至于在清理和解决这些问题中，凡是涉及过去中央同意和转发了的中央各部门、各地方党委的报告及其它文件，完全错的完全纠正，部分错的部分纠正。"

1990年7月《中国共产党党内法规制定程序暂行条例》（以下简称《暂行条例》）颁布施行，2012年5月党中央对《暂行条例》进行了修订。该修订是对过去工作经验的总结，对党内法规清理、备案、适用等作了明确界定。

2012年，我党对新中国成立以来的党内法规进行了集中清理，其清理依据是2012年中共中央印发的《中共中央办公厅关于开展党内法规和规范性文件清理工作的意见》及相关的配套文件，提出了党内法规清理的"四不"原则，即"不适应、不协调、不衔接、不一致"四条标准。

2012年5月中共中央发布的《中国共产党党内法规制定条例》规定了党内法规修订的基本原则：深入贯彻党中央决策部署和指示要求，坚持把准定位，坚持总体稳定，坚持适度前瞻。该条例第三十七、三十八条明确规定："制定机关应当组织开展党内法规清理工作，及时开展集中清理，根据需要开展特定内容或者特定范围的专项清理，在制定工作中同步开展即时清理。根据清理情况，作出修改、废止、宣布失效等决定。""制定机关应当及时修改滞后于实践发展的党内法规。视情可以采取修订、修正案或者修改决定等方式修改，对相关联的党内法规可

---

① 中共中央办公厅法规室、中共中央纪委法规室、中共中央组织部办公厅编：《中国共产党党内法规选编（1978—1996）》，法律出版社1996年版，第718页。

以开展集中修改。修改后,应当发布新的党内法规文本。"2019 年修订后的《中国共产党党内法规制定条例》规定党内法规的试行期限一般不超过 5 年,试点城市应当对试行的党内法规及时清理评估,根据实践需要再决定予以修改或者重新制定。

2017 年 6 月,中共中央印发的《关于加强党内法规制度建设的意见》中提出,到建党 100 周年时,也就是 2021 年,形成比较完善的党内法规制度体系、高效的党内法规制度实施体系、有力的党内法规制度建设保障体系,党依据党内法规管党治党的能力和水平显著提高,使依法治国与依规治党协调推进。

3. 党内法规清理与修订的过程

在党的一大到五大不到 6 年的时间里,中国共产党不仅制定了党的纲领和党章,而且对党章进行了 3 次修订。

抗日战争时期,党的七大对党章进行了修订,刘少奇同志作《关于修改党章的报告》。党中央陆续颁布了许多决议和指示,对六大党章不适用的部分进行了修正。抗战时期党内法规的清理标准,一般涉及党内法规落后于实践或不适应形势的需要,以及调整对象已调整完毕,不需要继续执行。清理的主体一般为制定主体。清理的形式表现为对个别党内法规的修改或废止。1937 年 12 月,中央书记处发布《关于恢复党籍及重新入党问题的第一次通知》,要求申请恢复和正在申请恢复党籍的人须经中央党务委员会进行审查和决定。各部各机关的党组织不能自己做主恢复,已恢复的应当履行上述手续。但是由于战争环境,规定无法执行。1938 年 5 月中央书记处发布了《关于恢复党籍及重新入党问题的第二次通知》,规定申请恢复和正在要求恢复党籍的人员,由各省委自己审查和决定,只需要将最后情况报告给中央组织部和党务委员会即可。但在执行过程中存在不符合实际的情况，导致执行不了。党中央对此再次进行修改，于 1940 年 8 月，发布了《中共中央关于审查干部问题的指示》。在延安整风运动审查干部期间，康生在执行中搞"逼供信"，造成了大量冤假错案。中央于 1943 年 8 月发布《关于审查干部的决定》，最终在毛泽东同志"九条方针"的指引下，纠正了错误。

中共中央于 1979 年印发的《中共中央关于清理历史遗留问题中涉及到有关中央文件的处理办法的通知》确立了党内法规清理内容是：新旧中央文件涉及的内容、提法和决定存在矛盾和抵触的情形。

党的十一届三中全会到十八大期间（1978—2012 年），党内法规的稳定性也较之前有很大提升，修订得并不频繁。

2010 年 12 月，中共中央、国务院对《关于实行党风廉政建设责任制的规定》进行了修订，本次修订是对反腐败领导体制和工作机制的具体制度的进一步完善。

党的十八大以来，制定修订党内法规 193 部，占 271 部现行中央党内法规的 71%。党的十九大之前，党内法规也有修订。2012—2014 年，第一次对党内法规和规范性文件进行集中清理。

2012 年 5 月 26 日，中共中央发布《中国共产党党内法规制定条例》，其中第十五条规定，对同一事项，如果需要作出与现行的党内法规不相一致的规定，应在草案中作出废止现行党内法规或者其中某些条款的规定，并在上报党内法规草案时说明情况和理由。2012 年 6 月，《中共中央办公厅关于开展党内法规和规范性文件清理工作的意见》发布。

2013 年 5 月，《中国共产党党内法规和规范性文件备案规定》发布，中央对新中国成立以来的党内法规和规范性文件进行了系统清理。

2013年8月,《中共中央关于废止和宣布失效一批党内法规和规范性文件的决定》发布,300个中央"红头文件"正式被废止和宣布失效,另有42件将作出修改,467件继续有效。这是党的历史上首次党内法规制度集中清理。这次清理工作分两个阶段进行:第一阶段(2012年7月至2013年9月),清理1978年至2012年6月制定的党内法规和规范性文件;第二阶段(2013年10月至2014年12月),清理新中国成立至1977年制定的党内法规和规范性文件。

2014年11月17日,《中共中央关于再废止和宣布失效一批党内法规和规范性文件的决定》发布,新中国成立至1977年期间中共中央制定的411件党内法规和规范性文件中,160件被废止,231件宣布失效,20件继续有效。① 这次集中清理工作由中央办公厅牵头组织实施,中央纪委机关、中央组织部、中央宣传部、中央统战部等50多个中央和国家机关共同参与,前后历时两年。通过对新中国成立至2012年6月期间出台的2.3万多件中央文件进行全面筛查,共梳理出规范党组织工作、活动和党员行为的党内法规和规范性文件1178件。

2016年12月,中共中央印发的《关于加强党内法规制度建设的意见》中,针对副省级城市和省会城市,厘清了关于规范性事项的范围、定名、审批等困惑,探索赋予副省级城市和省会城市党委在基层党建、作风建设等方面的党内法规制定权。2017年7月,中央政治局审议通过《中共中央关于修改〈中国共产党巡视工作条例〉的决定》。

2018年中央纪委印发《中共中央纪委关于废止涉党和国家机构改

---

① 盛若蔚:《中央党内法规和规范性文件集中清理工作全部完成》,《人民日报》2014年11月18日。

革党内法规和文件的决定》，决定废止中央纪委党内法规和文件51件。

2019年4月《中共中央关于废止、宣布失效和修改部分党内法规和规范性文件的决定》发布，共废止党内法规54条，宣布失效56条，修改8条，对14件涉及党和国家机构改革的中央党内法规作出一揽子修改，下半年完成各地区各部门党内法规和规范性文件清理工作。

2019年8月中共中央政治局会议修订《中国共产党党内法规制定条例》，修订内容主要包括：一是"党内法规"定义的进一步完善。二是对党内法规制定主体及权限的修订。三是对党内法规制定中的效力位阶进行修订。四是对党内法规制定程序进行了修订和完善。

（四）着眼过程做好备案审查工作

开展备案审查工作，要强化报备主体的意识和责任，完善备案审查的标准和程序，优化审查处理的方式和手段。

党的一大通过的《中国共产党第一个纲领》中的第十二条规定："地方执行委员会的财政、活动和政策，必须受中央执行委员会的监督。"其中的"政策"就包括了早期的党内法规，其实质就是党内法规备案工作的最早渊源。

党的二大通过的党章规定了区或地方的言论不得与中央之政策有抵触，否则中央"得令其改组之"。其中包含了中央对下级所定政策的审查。此后的党章都保留和强调了党的下级组织向上级组织报告所定政策、接受监督的要求。

1990年7月公布的《党内法规制定程序暂行条例》明确规定了由中央部委审议批准的党内法规要"报送中央备案"，标志着党内法规备案制度的正式确立。

1990年11月12日发布的《中共中央办公厅关于党内法规备案工作有关问题的通知》规定："党内法规由发布机关报送中央备案。联名发布的党内法规，由主办机关报送中央备案。报送中央备案的党内法规，除正式文本外，应附制定说明和备案报告，正式文本十份，制定说明和备案报告各五份。""党的十一届三中全会以来至《中国共产党党内法规制定程序暂行条例》发布之前，中央纪律检查委员会、中央各部门、中央军委及其总政治部和各省、自治区、直辖市党委发布的党内法规，除已宣布废止或自然失效的外，请于明年三月底以前补报中央备案。"

1994年9月6日《中共中央纪律检查委员会办公厅关于纪检条规备案工作的通知》是根据《中国共产党党内法规制定程序暂行条例》的有关规定而发布的。使中央纪委及时了解、掌握各省、自治区、直辖市、计划单列市纪委，中央和国家机关各部委纪检组（纪委）制定的在本地区、本部门、本系统适用的纪检条规、制度、规范性文件的情况，加强中央纪委对各级纪委纪检条规工作的指导。

2012年发布的《中国共产党党内法规制定条例》包括了党内法规的备案、党内法规的清理以及党内法规的评估等方面内容。2013年还发布了《中国共产党党内法规和规范性文件备案规定》（2012年7月1日起已施行），对党内法规和规范性文件备案相关事项，包括所要遵循的原则、备案的范围、备案的期限以及审查等方面规定。

尽管党内法规与国家法律在根本利益上是一致的，价值追求也是相同的，但在实践中两者还是会存在冲突与矛盾。为了解决这一问题，中国共产党近年来就一直在积极建立一套备案审查衔接联动机制。

2015年7月，中共中央办公厅印发《关于建立法规、规章和规范性文件备案审查衔接联动机制的意见》，推动形成互联互通互动的备案审查衔接联动工作格局,"规范性文件在哪里,备案审查工作就要跟到哪里,实现备案审查的全覆盖,并加强主动审查",这成为备案审查衔接联动机制制度化、规范化和程序化进程中的重要节点。该意见建立分工负责、双重备案联动、移交处理和提议审查、征求意见、会商协调、信息共享等机制,为进一步修订和完善法规体系,提高法规质量提供了有益探索。

2016年中共中央下发《中共关于加强党领导立法工作的意见》提出:"推动建立法规规章和规范性文件备案审查衔接联动机制。"有利于促进党章党规的落实,保证党的活动依照国家法律进行。

2012年6月4日中共中央批准中共中央办公厅发布了《中国共产党党内法规和规范性文件备案审查规定》,2019年8月30日中共中央政治局会议对该规定进行了修订。新修订的规定指出:"加强备案审查工作信息化建设,建立健全覆盖全面、互联互通、功能完备、操作便捷的备案专网,提高备案审查工作信息化水平。"该规定确立了备案审查工作应当遵循的原则:"(一)有件必备,凡属备案审查范围的都应当及时报备,不得瞒报、漏报、迟报;(二)有备必审,对报备的党内法规和规范性文件应当及时、严格审查,不得备而不审;(三)有错必纠,对审查中发现的问题应当按照规定作出处理,不得打折扣、搞变通。"并详细规定了备案范围、备案程序、审查内容、备案工作考核评价等备案工作。该规定还要求省区市党委按照"本规定精神建立相应的备案制度",并"按照下备一级原则开展备案工作";规定党内法规和规范性文件要"同宪法和法律相一致",对党内法规和规范性文件的备案审查工作由中央办公厅承办。《中国共产党党内法规和规范性文件备案审查规定》第四条规定了备案审查工作的责任主体:"各级党委,党的纪律检查委员会、党委(决策)议事协调机构以及党的工作机关、党委直属事业单位，党组（党委）承担备案审查工作主体责任。各级党委办公厅（室）负责牵头办理本级党委备案审查工作，统筹协调、督促指导本地区备案审查工作。有关部门和单位应当在职责范围内积极协助开展备案审查工作，共同发挥审查把关作用。各级党委应当与同级人大常委会、政府等有关方面建立健全备案审查衔接联动机制。"第十二条对党内法规的审查进行了规定："对内容复杂敏感、专业性强、涉及面广的党内法规和规范性文件，审查机关可以征求有关方面意见建议或者进行会商调研。人大常委会、政府、军队备案审查工作机构发现党内法规和规范性文件可能存在违法违规问题的，可以向同级党委备案审查工作机构提出审查建议。同级党委备案审查工作机构应当研究处理，并以适当方式反馈结果。"

随着有关备案工作党内法规的逐步完善，备案工作从抽象到具体、从相对简略到相当完备，一步步走向信息化、数字化，逐步建立起备案工作的衔接联动机制。

二、持续广泛宣传党内法规

宣传工作是党的一项极端重要的工作，是中国共产党领导人民不断夺取革命、建设、改革胜利的优良传统和政治优势。让党员知晓和认同党内法规的具体内容是党员遵守党内法规的基础。

（一）党内法规宣传方式

中国共产党从成立之初就非常重视宣传、教育工作。党的一大选举成立的中央局只有三人——陈独秀、张国焘、李达，而其中李达担任中央局宣传主任，可见对宣传的重视。大革命时期的历次党章中都对宣传教育工作作出了相关规定，同时，中共中央还专门制定了党的宣传法规，并成立相应组织机构负责宣传教育。1923年10月，中共中央和团中央成立教育宣传委员会，并于10月15日颁布了《教育宣传委员会组织法》，对教育宣传委员会的职责、任务、人事安排进行了规定，其中规定了对内开展党内思想政治教育，提高党员干部思想政治水平的内容。1923年11月，中国共产党第三届第一次中央执行委员会通过了《教育宣传问题议决案》这一重要文件。[①] 1924年5月举行的第三届中央执行委员会第一次扩大会议通过了《党内组织及教育宣传问题议决案》，成立中央及各区委宣传部，并且在中央成立编辑委员会。该议决案中还最早提出了设立党校问题。[②] 1925年10月发布的《宣传问题议决案》提出要开办两种形式的党校，各地委之下的普通党校和区委之下的高级党校。

在大革命时期，各地党校相继成立，但由于历史原因，当时的党内教育宣传工作落实还不太理想。1926年7月发布了《关于宣传部工作议决案》，详细规定了中央和地方宣传部的职责，确立了党的宣传教育工作基本组织机构。大革命时期，党的宣传法规规定了党的宣传教育的方式方法，党报党刊书籍是重要的方式。

抗战时期创办了多种形式的党内法规宣传教育，在中央和地方办党报党刊，大大扩充了党内法规的宣传途径。成立中央党报委员会统一领导党报党刊，创办多种党报党刊来宣传党内法规。抗战时期，支部教育

---

① 张蔚萍：《思想政治工作知识辞典》，河北人民出版社1990年版，第196页。
② 中央档案馆编：《中共中央文件选集》第一册，中央党校出版社1989年版，第245页。

或党员教育、在职干部教育和学校教育等党内教育发展起来,有利于提高党内法规的普及率。抗战时期的整风运动使党员干部们加强了对党内法规的学习。领导人的演讲报告,对党内法规进行理论阐释的同时,还回答了党员干部的疑问,有利于党内法规的执行。

新中国成立以来,中国共产党越来越重视党内法规的宣传教育。党内法规教育从运动式学习走向正常教育,基层党组织的宣传教育作用得到发挥。形式上,从单一向丰富转变,既有先进典型为标杆,又有反面典型为镜鉴。

21世纪以来,通过"三讲教育"、保持共产党员先进性教育活动、深入学习实践科学发展观活动、党的群众路线教育实践活动、"三严三实"专题教育、"两学一做"学习教育等,使党内法规在广大党员干部中入脑入心。

进入新时代,党内法规宣传方式更受重视,方式方法也越来越灵活多样。不断创新多样的宣传党内法规方式,开辟了各种宣传渠道,党内法规宣传话语越来越规范。2016年12月,中共中央印发《关于加强党内法规制度建设的意见》,要求"加强党内法规的学习强度,加大党内法规精神的宣讲力度,将党内法规制度作为各级党委(党组)中心组学习的重要内容,列入党校、行政学院等党内研修学校的必修课程"。党内法规宣传方式越来越多样化和网络化,手机网页、微信、新闻客户端等方式显示出更大的效用。集中学习、实地教育、系列活动、知识测试、思想分享会、文字宣传、音像宣传、在线宣传、案例学习等方式层出不穷。

(二)党内法规宣传渠道

中国共产党成立之初,《新青年》经过改版后,成为党的理论刊物。后来，北京的《政治生活》，广东的《人民周刊》、《向导》、《前锋》、《工人周报》、《劳动周报》和《中国工人》等宣传刊物也陆续创立了。1923年11月，党的第三届第一次中央执行委员会通过《教育宣传问题议决案》，决定主办党内不定期刊物《中国共产党党报》，在该报上发表一些党内问题、决议案和报告，力求多用口语使之通俗化。党的四大也要求对本党的政策解释要详细，文字要通俗易懂。1924年创刊的《中国工人》杂志由毛泽东同志题写刊名，是党在职工中解释党内政策和描写工农状况的唯一刊物。

抗战时期，还成立了中央党报委员会，专门负责领导党报党刊工作。这一时期，党报党刊创办多了起来，如中央主办的有《共产党人》《新中华报》《解放日报》等。地方性党报也创立起来，负责宣传党内的政策以及党内的一些重要指示、决议和决定等党内法规，对于提高党内法规的影响力意义重大。

新中国成立后，对党内法规的宣传扩大到报纸刊物上。1950年，党中央通过了《关于在报纸刊物上展开批评和自我批评的决定》。一方面，让党内法规被更多群众所熟悉；另一方面，让群众对党内法规的实施进行民主监督。

近些年来，党内法规的宣传渠道得到了空前发展。一方面，重视传统宣传教育阵地，如报刊、广播、电视等；另一方面，积极运用微视频、微博、微信等新媒体，利用其传播快、覆盖面广、接受度高的优势，为党员干部和广大群众提供更便捷的学习和了解渠道，打造全媒体学习平台，打通"最后一公里"，实现党内法规宣传面向基层一线。

同时，将党内法规纳入主题活动和实践活动宣传中，合并普法宣传、新媒体公众号推送、问答竞赛测试等，通过线上线下相结合，拓展了宣传渠道，增强了宣传效果。通过创新载体，将现代虚拟科技与人工智能相结合，挖掘和开发地方宣传渠道，如文化馆、博物馆、廉政警示教育基地、红色革命圣地等，通过实地考察学习，使党内法规宣传与教育实现有机统一。

三、严格严谨执行党内法规

党内法规的严格严谨执行是其权威性的保证，是从严治党的题中应有之义，是党的各项方针政策落实的前提。无法执行或不能执行的法规无异于一张废纸，会严重损害党在群众中的威望和信誉。因此，严格执行党内法规和严谨执行党内法规是统筹推进党内法规建设的执行保证环节。"逆水行舟用力撑，一篙松劲退千寻"，在制定与宣传环节做得再好，缺乏坚强有力的执行环节，党内法规建设也将流于空话。

（一）严格执行党内法规

列宁曾以第一国际和第二国际党组织比较松散、缺乏战斗力为教训，十分强调党的组织性和纪律性。中国共产党从建党开始就十分注重对党内法规的严格执行。

党的一大通过的《中国共产党第一个纲领》就显示了党对组织纪律的重视，上面明确写道："凡有党员五人以上的地方，应成立委员会"。后来不断修改的党章又规定了政治纪律、工作纪律、群众纪律、生活纪律。对这些党内纪律执行时，中国共产党从严执纪，坚持规矩面前领导干部和普通党员平等，各级军官和普通士兵平等，使规矩作用和规矩效果得以充分发挥和体现。1922年通过的二大党章专门设置"纪律"一章,对党的纪律提出了明确的要求,尤其强调党中央的政治权威,要求对党代会的决议"本党党员皆须绝对服从之"①。1927年党的五大后所作的党章修正案,规定对不执行上级机关的决议及其他破坏党的行为的党组织给予警告和改组、解散组织等处分;党员有违纪行为则给予警告、取消工作、留党察看及开除党籍等处分。五大党章要求,"严格党的纪律是全体党员及全体党部最初的最重要的义务"②。1928年10月,湘赣边界党的第二次代表大会指出:"严格的执行纪律为改造与建设党中央的重要工作。"为了严格执行铁的纪律,执行党内法规的责任主体由党的各级组织转变到专门的纪律部门。

井冈山根据地创建时期,毛泽东同志就领导制定了"三大纪律、六项注意",后来发展成为"三大纪律、八项注意"。作为红四军的创始人,毛泽东、朱德两位同志都是带头严守纪律的典范。一天,毛泽东同志把一件新棉衣送给房东谢槐福,谢槐福挑了一担木炭送到毛泽东同志房里,以示感谢,毛泽东同志推辞不掉,硬是付了木炭钱。朱德同志向林大娘借了把陶壶烧水,结果壶被他打坏了,他就主动用自己的伙食费赔偿。

1929年12月召开的古田会议,针对党和红军中组织性和纪律性涣散,以及各种非无产阶级思想,如单纯军事观点、极端民主化、个人主义、非组织观点、主观主义、绝对平均主义等,统一了思想,建立了规章制度,并严格执行这些党内法规。

---

① 夏利彪编:《中国共产党党章及历次修正案文本汇编》,法律出版社2016年版,第7—8页。

② 同上书,第28页。

长征时期，严格执行的马克思主义政党规矩对引领和保障中国共产党走正确道路、发挥自身优势起到了不可忽视的作用。为党的革命形势转危为安，党的发展由弱到强提供了坚强的组织保障。

1938年，党的六届六中全会首次提出"四个服从"，是党的纪律建设的核心内容。本次会议提出"纪律是执行路线的保证"的重要论断，还对中央委员会工作规则和纪律、各级党部工作规则和纪律作了规定，规范各级党组织的行为。1938年10月7日，中央组织部发出《关于执行中央巩固党的决定的指示》，加强对党员的培训教育。1939年，毛泽东同志在《共产党人》的发刊词中，总结了中国共产党成立以来的基本建设经验，提出党的建设总要求和进行党的建设"伟大的工程"的命题。毛泽东同志指出："十八年的经验，已使我们懂得，统一战线，武装斗争，党的建设，是中国共产党在中国革命中战胜敌人的三个法宝，三个主要的法宝。"[①] 在三个法宝中，党的建设使党在思想上政治上组织上完全巩固。1945年，党的七大通过的党章将"四个服从"作为党的民主集中制的四项基本原则之一，其核心内容沿袭至今。

抗日战争时期，中国共产党对党的纪律建设高度重视，一方面专门制定了党的组织纪律和宣传纪律等党内法规，丰富和发展了党的纪律建设的内容；另一方面，恢复了党的纪律检查机关，严格执行党的纪律。1949年6月30日，毛泽东同志发表了《论人民民主专政》，其中写道："一个有纪律的，有马克思列宁主义的理论武装的，采取自我批评方法的，联系人民群众的党。"[②] 这是指三大法宝之中的党的建设，而严格执行纪律的党是革命取得胜利的最重要法宝之一。

---

① 《毛泽东选集》第二卷，人民出版社1991年版，第606页。
② 《毛泽东选集》第四卷，人民出版社1991年版，第1480页。

新中国成立初期，出现了一些对群众盲目顺从的尾巴主义、对群众颐指气使的官僚主义等不正之风，党员干部违纪现象也时有发生。针对这些问题，中国共产党在加强党员的纪律教育、强调党纪面前人人平等的同时，也十分强调报告请示制度的严格执行，"一切超越规定以外的重要政策问题，皆不许先斩后奏"①。

1994年9月召开的党的十四届四中全会通过了《中共中央关于加强党的建设的几个重大问题的决定》，强调"严格执行党的纪律"，明确"对那些不遵守党的原则，违反组织人事纪律"的现象严肃处理。2000年2月，江泽民同志在广东考察工作时指出，"要把中国的事情办好，取决于党的思想、作风、组织、纪律状况和战斗力、领导水平"②。并提出："对党内已经确立的制度要严格执行，同时要根据实践的发展，不断健全各项制度，形成一套从严治党的制度和机制。"③ 自2002年召开十六大以来，对党的纪律检查机关进行了明确定位，其执纪作用越来越突出。2004年党的十六届四中全会通过了《中共中央关于加强党的执政能力建设的决定》，提出要加强对各级纪律检查机关的领导，改革和完善党的纪律检查体制。2009年召开的党的十七届四中全会强调："把反腐倡廉建设放在更加突出的位置，坚持标本兼治、综合治理、惩防并举、注重预防的方针，严格执行党风廉政建设责任制，在坚决惩治腐败的同时加大教育、监督、改革、制度创新力度，更有效地预防腐败，不断取得反腐败斗争新成效。"④ 强调落实和执行党内关于党

---

① 中共中央文献研究室编：《建国以来重要文献选编》第一册，中央文献出版社1992年版，第52页。
② 《江泽民文选》第三卷，人民出版社2006年版，第1页。
③ 同上书，第29页。
④ 《中国共产党第十七届中央委员会第四次全体会议公报》，人民出版社2009年版，第10页。

风廉政方面的法规。

2016年召开的党的十八届六中全会通过了《关于新形势下党内政治生活的若干准则》，其中明确规定："全党必须严格执行重大问题请示报告制度。"党的十八大之后，新一届中央领导集体在短短四年时间内，全面从严治党就获得了立竿见影的显著成效。一些多年未解决的问题得到了有效遏制，纠"四风"，纠正各种特权思想、特权现象，党中央集体都身体力行、率先垂范、严格执行党内法规。"抓作风建设，首先要从中央政治局做起，要求别人做到的自己先要做到，要求别人不做的自己坚决不做"①，习近平总书记切实履行"中央政治局同志从我本人做起"的庄严承诺，带头执行中央八项规定，为全党树立了典范。

党内法规首先要整治的就是党内腐败，整治腐败也是党内法规严格执行的最直观体现。2019年共查处违反中央八项规定精神问题136307起，处理人数194124人，党纪政务处分124723人。坚决整治党政领导干部、国企管理人员利用名贵特产、特殊资源谋取私利问题，查处相关问题2248个，处理4217人。全面清理中央企业驻京（外）办，撤销631个。这些数据就是党内法规严格执行的明证。

（二）严谨执行党内法规

党内法规执行的严谨性表现为不执规犯规，不以权谋私，不以主观标准代替客观标准，不错误理解党内法规，不折不扣按规执行，既不过度，也不失之宽松软，恰如其分地执行党内法规。以下四则案例体现了党在不同历史时期对党内法规的严谨执行。

---

① 中共中央宣传部编：《习近平总书记系列重要讲话读本（2016年版）》，学习出版社、人民出版社2016年版，第114页。

案例一　于都县集体腐败案

土地革命时期，于都县是中央苏区的核心县之一。该县出现了一系列腐败案件：一是于都县军事部长刘仕祥贪污公款200多元，并与几名科员共同造假账、冒领动员费、私自分赃，还贪污打土豪及游击队所缴获的鸦片烟土款做起了非法生意。二是于都县苏维埃政府主席熊仙璧贪污、挪用公款，并做起了投机买卖。在其影响下，于都县委组织部长、财政部长等多人公款私用。三是县委书记刘洪清与城市工农检查委员会主席刘福元等人，拿公款合伙开店卖酒、卖盐、卖谷子，还偷税漏税。四是于都城区苏维埃政府正副主席、工农检查委员会主席、六位部长，也存在以权经商谋私行为。该案经中央工作组彻查后按法定程序于1934年3月在最高法院特别法庭上审理，董必武任特别法庭主审，公开审判并判决了刘仕祥等5人死刑，判处熊仙璧监禁1年，中央党务委员会撤销县委书记刘洪清职务，其他涉案党政干部也都根据党纪党规分别受到党纪政纪和法律制裁。该事件在中央苏区影响极大，时任中央人民委员会主席的张闻天在《红色中华》上发表《于都事件的教训》一文，项英撰写《于都检举的情形与经过》一文，敲响党内反腐警钟。

案例二　黄克功案

1937年10月，抗日军政大学第六队队长黄克功对陕北公学学员刘茜逼婚未遂，进而枪杀刘茜，黄克功被处以死刑。

这是党中央在抗战时期对立过功劳的党员犯罪严格执行党纪法规的例子。毛泽东同志曾对此案给陕甘宁辖区高等法院写信："黄克功过去的斗争历史是光荣的，今天处以极刑，我及党中央的同志都是为之惋惜的。但他犯了不容赦免的大罪，以一个共产党员干部而如此卑鄙、残忍，失掉党的立场的，失掉革命立场的，失掉人的立场的罪恶行为，如为赦免，便无以教育党，无以教育红军，无以教育革命者，并无以教育做一个普通的人。"① 毛泽东同志还指出："共产党与红军，对于自己的党员与红军成员不能不执行比较一般平民更加严格的纪律。"② 因此，中央与军委不得不根据他的罪恶行为，根据党与红军的纪律，处他以极刑。这一事件不但给人们以震动，而且提醒我们党必须进行积极的思想斗争，并通过整风进行党风、廉政勤政建设。黄克功案也是对当时制定的《陕甘宁边区施政纲领》中规定的"共产党员有犯法者从重治罪"原则的严格落实。

案例三 罗章龙要求恢复党籍被拒绝

罗章龙因反对党的六大制定的路线，组织"中央非常委员会"，成立"第二省委"等组织，公开分裂党，1931年1月中共中央政治局通过《关于开除罗章龙中央委员及党籍的决议案》，将其开除出党籍。在西安事变中，罗章龙因主张发动捉蒋兵变等受到张

---

① 《毛泽东文集》第二卷，人民出版社1993年版，第39页。
② 同上。

学良的赞赏,对促成西安事变起到了一定作用。1949年罗章龙还参加了湖南和平解放运动。后罗章龙向中央写信要求恢复党籍。1949年10月26日,中共中央政治局会议研究了罗章龙来信要求恢复党籍的事情,最终决定让湖南省委通知罗章龙,因其在1931年采取了分裂党的立场,擅自组织所谓"中央非常委员会",为维护党纪起见,开除他党籍在当时是完全必要和正确的,决定不恢复其党籍。

尽管罗章龙当时是出于反对王明"左"倾路线而另立中央,但是,他违反了"个人服从组织,少数服从多数,下级服从上级,全党服从中央"的党章规定。虽然党的六届四中全会使王明上台,并出现了路线错误,但这次会议是合法的正式会议,纠正错误只能按照党的组织原则进行。因此,罗章龙分裂中央违反了党章原则性规定,不能恢复党籍。

案例四 改革开放第一案——王仲案

时任汕头地委政法委员会副主任的王仲,曾经在革命工作中立下功劳,但在改革开放初期,他无法抵挡琳琅满目的"奢侈品"的诱惑,将缉私货物运回家中,侵吞缉私物资。王仲还想尽办法将家属子女安排到重要工作岗位,形成一个"政法之家",目无国法,全家一起"抢私""藏私""贩私""销赃"。受贿索贿达6.9万元,这在当时是一笔巨款,相当于当时一个普通干部100年的工资收入。王仲被停职后拒不交代问题,并且串供顽抗。其违法行为使当地走私活动越发猖獗,一些缉私人员知法犯法,一些党的基层组织瘫痪，一些干部受腐蚀，严重事件接连发生。1983年1月18日，汕头举行公判大会，宣布执行王仲死刑。王仲案成为改革开放反腐第一案，王仲也是改革开放后第一位被判处死刑的党员干部。

王仲在参军时不怕苦和累，关心战士，解放天津时还负了伤。但是，在改革开放中守不住共产党员的底线，理念信念丧失，同时也违犯了党纪国法，违背了党的宗旨，违反了当时党中央制定的《关于党内政治生活的若干准则》中对党员干部反腐倡廉的规章制度，处理是严肃的，教训是深刻的。

四、合力合拍监督党内法规

《关于新形势下党内政治生活的若干准则》规定："监督是权力正确运行的根本保证，是加强和规范党内政治生活的重要举措。必须加强对领导干部的监督，党内不允许有不受制约的权力，也不允许有不受监督的特殊党员。"加强党内法规执行情况的监督是统筹推进党内法规建设的保障环节。

（一）党内法规的制定监督和执行监督

我们党一直重视通过纪律加强监督和管理。1927年五大党章规定建立监察委员会："为巩固党的一致及权威起见，在全国代表大会及省代表大会选举中央及省监察委员会。"还规定了监察委员会的地位和组成，从而为完善党内监督提供了组织和制度保障，标志着党内监督体制的初步创立。党的五大还选举产生了党史上第一个党内监督机构——中共中央监察委员会,由10人组成。其中委员7人:王荷波、张佐臣、许伯昊、杨匏安、刘竣山、周振声、蔡以忱。候补委员3人:杨培森、萧石月、阮啸仙。中央监察委员会可以称得上是中纪委的前身。

1927年12月31日,中共中央发出《中央通告第二十六号——关于监察委员会的问题》,认为监察委员会似已成为不必要的组织,事实上取消了监察委员会。1928年党的六大召开时,党的监察委员会被取消,而代之以中央审查委员会行使职能。1933年9月17日,中共中央《关于成立中央党务委员会及中央苏区省县监察委员会的决议》指出:为防止党内有人违反党章破坏党纪,不遵守党的决议及官僚腐化等情弊发生,在党的中央监察委员会未正式成立以前,特设立中央党务委员会。1934年1月党的六届五中全会决定成立中央党务委员会,在土地革命战争后期和抗日战争时期,它为维护党的团结,执行党的纪律做了大量工作。1945年党的七大通过的党章有关于监察委员会的条文。

1949年11月9日,中共中央发出《关于成立中央及各级党的纪律检查委员会的决定》,成立了以朱德为书记的中央纪律检查委员会。中央纪律检查委员会的主要任务是:检查中央直属各部门及各级党的组织、党员干部违反党的纪律的行为;受理、审查并决定中央直属各部门、各级党的组织及党员违反纪律的处分,或取消其处分;加强对党员的纪律教育。1955年党的全国代表会议作出了关于建立党的中央和地方监察委员会,取代中央及地方各级纪律检查委员会的决定,成立了以董必武为书记的中央监察委员会。1956年党的八大通过的党章规定,中央监察委员会由党的中央委员会全体会议选举,其任务是经常检查和处理党员违反党章、党的纪律、共产主义道德和国家法律、法令的案件等。

1978年12月党的十一届三中全会决定，重新恢复中央纪律检查委员会，以陈云为第一书记、邓颖超为第二书记、胡耀邦为第三书记、黄克诚为常务书记，其主要任务是维护党规、党法，整顿党风。1982年9月党的十二大通过的党章规定，中央纪律检查委员会由党的全国代表大会选举产生，每届任期与中央委员会相同。中央纪律检查委员会全体会议选举常务委员会和书记、副书记，并报党的中央委员会批准。第一书记必须从中央政治局常务委员会中产生。中央纪律检查委员会在中央委员会的领导下进行工作，主要任务是维护党的章程和其他重要的规章制度，协助党的委员会整顿党风，检查党的路线、方针、政策和决议的执行情况。党的十三大报告按照党政分开的原则，提出："党的纪律检查委员会不处理法纪和政纪案件，应当集中力量管好党纪，协助党委管好党风。"1978年到1989年，党内监督体制得到恢复重建，形成了一整套以党内专门监督机构独立行使监督权的党内监督双重领导体制。

1989年到2002年，党内监督制度得以发展完善。如，中纪委会同中组部拟定党内监督条例。1993年，中央纪委和监察部正式合署办公。1996年3月，中央纪委制定了《中共中央纪委关于建立巡视制度的试行办法》。2002年到2012年，党内监督体系逐步成熟。党的十六大突出了党内监督的制度建设。2004年颁布的《中国共产党党内监督条例（试行）》是第一次以党内法规的形式明确党内监督的专门机关，将党内监督推向了新阶段。党的十七大把巡视监督写入党章，将巡视制度以党内根本大法的形式确定下来。十八大党章重视党员主体地位，注重抓住"关键少数"，增写了有关干部选拔监督的内容。

2012年7月1日起施行的《中国共产党党内法规和规范性文件备案规定》，对于加强党内监督，维护党内法规和党的政策的统一性权威性发挥了重要作用。2016年10月27日,《关于新形势下党内政治生活的若干准则》由中国共产党第十八届中央委员会第六次全体会议通过,其中明文规定:"领导干部要正确对待监督,主动接受监督,习惯在监督下开展工作,决不能拒绝监督、逃避监督。"2019年8月30日中共中央政治局会议审议批准,2019年9月3日中共中央发布《中国共产党党内法规执行责任制规定(试行)》,就是从根本上破解党内法规"执行难"问题的一项重要举措,对监督考核、责任追究等提出要求。重视发挥党员、群众和新闻媒体等在监督执规责任履行中的积极作用,推动形成执规工作合力。对监督等执规责任不力的要依规依纪追究责任。着力强化监督的规范性,依规依纪依法行使监督职权。全面把握党规党纪和法律法规"两把尺子",严格按照监督执纪工作规则等党内法规和监察法及其配套规定开展监督工作,严格执行请示报告制度,严格执行回避、安全等制度,确保监督程序、监督内容、监督措施等合规、合法。

(二) 党内法规监督制度的发展和完善

1949年11月,党成立了中央纪律检查委员会,之后地方县级以上的纪律检查委员会都逐步成立起来。1950年2月,《关于各级党的纪律检查委员会领导关系问题的指示》指出,各级纪律检查委员会与党的宣传部和组织部一样,是各级党委的一个工作部门。下级纪委受到上级纪委的领导,同时纪委也是同级党委的附属机构,党委不受纪委监督。1953年以后,党内监督专门机关的职能进一步扩大。在《关于成立党的中央和地方监察委员会的决议》中,提出成立中央监察委员会,并设立常务委员会。

八大党章规定,全部党员和党组织都要接受自上而下和自下而上的监督，中央到县、市都设立监察委员会，作为纪律检查机构的监察委员会是十分重要的。党的八届十中全会上通过的《关于加强党的监察机关的决定》，增强了监察机关的相对独立性，加强了对同级党委的有效监督。

1978年11月至12月，召开了中央工作会议和党的十一届三中全会，对党的政治路线、组织路线和思想路线进行了纠正。党的十一届三中全会决定健全民主集中制和党规党法，重建党的纪律检查委员会，并选举产生了中央纪律检查委员会。1980年8月18日，邓小平同志发表了题为《党和国家领导制度的改革》的重要讲话。邓小平同志指出，党内无特权，无论谁违反党规党纪都要受到惩处，要设立专门的机构进行监督检查。1982年党的十二大通过的新党章改革了纪委的领导体制，各级纪委从同级党委的附属机构，变为具有相对独立性的党内监督专门机构，扩大了纪检机关的权限。1992年10月，党的十四大提出了整体治理腐败的思路，出台了相应的法律、法规来处理党内贪污腐败事件。这一时期，党中央和各个部门十分重视廉政规则制度建设，一共制定了217条廉政规则。党的十六大对党的建设和党的领导两个方面都提出了更高的要求，要"提高拒腐防变和抵御风险的能力"。

2012年11月15日，习近平总书记在新一届中央政治局常委与中外记者见面时强调，"打铁还需自身硬"，中国共产党只有先管理好自己，才能作为执政党管理国家。党的十八大之后中国共产党党内监督制度的主要方面：一是坚决打赢反腐攻坚战，党中央针对反腐败的力度空前巨大，打掉了一大批"大老虎"；二是充分发挥中央巡视组的作用；三是出台中央八项规定，对于违反的党员或党员干部一律严肃处理。

通过完善党内法规备案审查制度，党内法规监督制度得到不断发展和完善。党内法规备案审查机制的形成经历了萌芽、形成到确立三个时期。

1921年到1947年是萌芽期。党的一大制定的《中国共产党第一个纲领》第十二条规定："地方执行委员会的财政、活动和政策，必须受中央执行委员会的监督。"1922年制定的《中国共产党章程》第二十一条规定："区或地方执行委员会所发表之一切言论倘与本党宣言章程及中央执行委员会之议决案及所定政策有抵触时，中央执行委员会得令其改组之。"这标示着党内法规备案审查制度的萌芽。

1948年到1989年是形成期。随着1948年毛泽东同志起草的《中共中央关于建立报告制度的补充指示》的出台，备案审查制度进入形成期。该指示不仅强调了要向中央报送备案本级文件，而且要求报告其下一级的文件情况。该制度的实际运行经历了从党的八大到十三大的缓慢过程，直到20世纪80年代末期才初见成效。

1990年至今是党内法规备案审查制度的确立期。其标志是1990年7月31日中共中央发布的《中国共产党党内法规制定程序暂行条例》。该条例规定"经中央纪委、中央各部门审议批准的党内法规报送中央备案，各省、自治区、直辖市党委制定的党内法规，应在发布的同时报送中央备案"，同时还规定报备应当附有制定说明和备案报告，以及报备时限等。但该条例中仅顺带提及党内法规的备案，缺乏具体制度设计，真正落实困难。同年11月，中央办公厅发布的《关于党内法规备案工作有关问题的通知》对党内法规备案审查相关问题作出了规定，明确了报备机关、备案机关、报送要求，但没有明确报送时限、审查标准、纠正程序等备案审查的基本环节。

进入21世纪以后，备案审查制度迎来了继续发展的新契机。2012年中央发布的《中国共产党党内法规制定条例》第三十条规定："中央纪律检查委员会、中央各部门和省、自治区、直辖市党委制定的党内法规应当自发布之日起30日内报送中央备案，备案工作由中央办公厅承办。"明确要求有件必备、有备必审、有错必纠，不仅规定了报备机关、备案机关，而且明确规定了报备时限、审查标准、审查方式、备案体制等内容，促进了党内法规备案审查工作的大力开展，弥补了《中国共产党党内法规制定程序暂行条例》的一些不足。备案审查工作有组织大规模地开展起来。

为推进备案审查工作深入开展，2012年颁行的党内文件备案审查规定率先提出备案审查衔接联动机制，即在党委、人大和政府的备案审查工作机构之间建立协作机制，保证党内法规与国家法律的协调。党的十八大以来，建立健全衔接联动机制成为协同人大与政府备案审查工作的抓手。中共中央办公厅于2019年发布的《中国共产党党内法规和规范性文件备案审查规定》明确规定，合法合规性审查"包括是否同宪法和法律相一致，是否同党章、上位党内法规和规范性文件相抵触，是否与同位党内法规和规范性文件对同一事项的规定相冲突，是否符合制定权限和程序，是否落实精简文件、改进文风要求等"。这一规定要求领导干部在作决策时，关系重大的决策在调查研究基础上提出决策咨询方案，要充分听取各方意见，还要进行风险评估和合法合规性审查，最后要经全会或常委会会议讨论决定。同时在机构编制工作上，就编制配备等重大事项听取各方意见，进行专家认证和风险评估。

2015年，中央办公厅下发关于建立法规、规章和规范性文件备案审查衔接联动机制的意见。2016年，中共中央下发《中共中央关于加强党领导立法工作的意见》，再次提出"推动建立法规规章和规范性文件备案审查衔接联动机制"。同年，全国人大常委会工作报告指出，常委会工作机构与有关方面共同建立了法规、规章和规范性文件备案审查衔接联动机制。李建国同志在第二十二次全国地方立法研讨会上，要求地方人大"主动加强与党委、政府各备案审查工作机构的协作配合，抓紧建立备案审查衔接联动机制"。在2018年召开的第二十四次全国地方立法工作座谈会上，栗战书同志要求加强改进备案审查工作，保证党中央令行禁止，保证宪法法律法规有效实施，维护国家法制统一。

目前，以《中国共产党党内法规制定条例》和《中国共产党党内法规和规范性文件备案审查规定》为基础，形成了以中央部门党内法规、地方党内法规为备案审查主要对象，由中央进行备案审查的相对稳定的党内法规备案审查模式。审查的主体是中央委员会，具体工作由中央办公厅承办。审查的方式采用有权性的主动审查，即在无其他任何机关和个人申请的情况下中央主动对提交备案的党内法规进行相关审查。

（三）党内法规监督主体、监督方式和监督结果运用

1. 党内法规的监督主体、监督方式

习近平总书记指出："党内监督是全党的任务，党委（党组）负主体责任，书记是第一责任人，党委常委会委员（党组成员）和党委委员在职责范围内履行监督职责。党的各级领导干部一定要把责任扛在肩上，做到知责、尽责、负责，敢抓敢管，勇于监督。"[①]

党的五大以前，我们党没有专门的党内监督机构，监督职能由党委承担。党的五大首次设立了党内专门监督机构。党的五大通过的《中

---

① 中共中央党史和文献研究院编：《十八大以来重要文献选编》下，中央文献出版社2018年版，第461—462页。

国共产党第三次修正章程决案》专门把"监察委员会"列为一章,阐述了监察委员会的成立目的、权力范围、领导体制以及监委与同级党委之间的关系,会上第一次正式选举产生了中央监察委员会,为后来党的纪检机构的发展奠定了基础。党的六大将监察委员会改为审察委员会,其任务仅限于经济审查。党的七大又将审查委员会改为监察委员会,其职责主要为对党员进行处分。上述党内专门监督机构的设立,为加强党的自身建设和党纪党法贯彻落实提供了组织保障。

1955年3月,中国共产党全国代表会议决定,"成立党的中央的和地方各级的监察委员会,代替中央的和地方各级的党的纪律检查委员会"①,从而加强党的纪律建设。

《中国共产党章程》规定:"党的各级纪律检查委员会是党内监督专责机关",党的各级纪律检查委员会有"检查和处理党的组织和党员违反党的章程和其他党内法规的比较重要或复杂的案件,决定或取消对这些案件中的党员的处分"的职责。

党内的监督方式包括:组织监督、党员监督、纪律监督和执行纪律的专门机关的监督、制度监督、舆论监督等。也可分成自上而下的监督、自下而上的监督、平行的监督。具体而言,党员之间的相互监督、党组织之间的相互监督是平行监督,党员群众对党的干部特别是党的高级领导干部的监督、党员对党组织的监督是自下而上的监督,党组织对党员的监督、党内专门监督机关对党组织和党员的监督是自上而下的监督。

党员监督的一般形式:在日常活动中互相提醒、评议;在党内组织

---

① 中共中央组织部、中共中央党史研究室、中央档案馆编:《中国共产党组织史资料》第九卷,中共党史出版社2000年版,第285页。

生活中开展批评与自我批评，在党的会议上提出询问、批评；向上级组织检举、揭发党的组织和党员个人的违法违纪和失职等事实，提出请求申诉和控告，并要求党的组织予以处理或给予答复；在党的会议上和党报党刊上参加关于党的政策问题的讨论；在党内行使表决权和选举权；等等。

党组织对党员的监督、党组织相互间的监督，也可称作党组织监督，是党内监督的主要形式。它一般通过以下的途径来实现监督：党代表大会监督、党代表会议监督、党的委员会监督、党委常委会监督、党支部和党小组监督、党委职能部门监督，等等。

党内专门机关的监督，是指党的纪检机关的监督，它是党内监督的重要方面。自纪检机关恢复建立以来，在党内监督中一直发挥着重要作用。健全和加强党内监督，必须充分发挥纪检机关的作用。

2. 党内法规实施后评估结果运用

党内法规实施后评估结果的运用是党内法规实施后评估工作的最后环节和关键环节，关系到整个党内法规实施后评估工作能够取得成功。四川省委出台的《省委党内法规实施评估办法（试行）》十分强调党内法规实施后评估结果的运用，即"评估完成后，对经评估认定为需要修改的省委党内法规，由牵头执行单位按照党内法规制定程序提出修改草案，经省委审议批准后发布。对经评估认定为应当废止的省委党内法规，纳入清理范围并及时废止，特别重大事项亟须暂缓执行或者废止的提请省委常委会会议审议。对经评估认定为需要进一步明确条款具体含义或者适用范围的省委党内法规，由牵头执行单位会同有关单位提出解释建议，经省委审定后予以发布"[①]。

---

① 《我省出台〈省委党内法规实施评估办法（试行）〉》，《四川日报》2018年1月22日。

党内法规实施后评估的组织主体，一般由党内法规制定部门或党内法规实施部门担任。在民间组织的党内法规实施后评估活动中，也可以由第三方独立社会评估机构担任。只有部分党组织或党员才能直接参与到党内法规实施后评估活动中，而其他相关党组织或党员只能作为党内法规实施后评估结果运用的间接权利主体，享有对党内法规实施后评估结果的知情权。

运用党内法规实施后评估结果的作用有两方面：第一，为党内法规制定部门开展"立改废"工作提供依据，提高党内法规制定质量。一是可以为党内法规制定部门制定新的党内法规提供依据，二是提供了很多实际可行的方法供党内法规制定部门参考，三是可以为党内法规制定部门废止相关党内法规提供依据。第二，为党内法规实施部门加强党内法规实施工作提供依据，确保党内法规的良好实施。一是可以为党内法规实施部门健全执规制度提供明确依据，二是可以为党内法规实施部门规范执规行为提供明确依据，三是可以为党内法规实施部门严格执规责任追究提供明确依据。

第六章

中国共产党党内法规制度建设的经验与启示

回顾中国共产党百年奋斗历程，自中国共产党诞生之日起，党内法规制度建设就如影随形、由简而繁、从低到高，适应中国革命、建设、改革的不同环境与使命，不断获得丰富与发展。党内法规制度建设是一项系统工程，老一辈共产党人作为党内法规制度建设奠基者，对党内法规制度建设发挥了不可磨灭的历史作用。此后，一代代中国共产党人经过百年辛勤耕耘，在实践中推进创新，在创新中促进发展，把党内法规制度建设不断推向前进，党内法规制度建设日趋科学化、规范化、体系化。随着理论认识的发展和实践经验的积累，党内法规制度建设越扎越牢、越扎越实、越扎越密将是必然趋势。中国共产党党内法规制度建设的百年理论探索与实践探索，可以给新时代接续奋斗的中国共产党人诸多的经验与启示：把党内法规制度建设作为事关党和国家前途命运的重要问题摆在突出位置，党内法规制度建设必须服从和服务于党的政治路线，正确处理党内法规制度建设与党的其他方面建设之间的关系，坚持党章在党内法规制度建设中的核心地位，党内法规制度建设应遵循平等、公开和系统的指导原则。

一、把党内法规制度建设作为事关党和国家前途命运的重要问题摆在突出位置

中国共产党党内法规制度建设，始终服从和服务于党的历史使命。而中国共产党的历史使命在不同的历史时期有不同的中心工作，围绕党的中心工作开展党内法规制度建设，是一条重要经验与启示。中国共产党百年历史深刻表明：什么时候我们党重视党内法规制度建设，我们党的组织力战斗力就强，党所领导的各项事业就会蒸蒸日上、兴旺发达；什么时候我们党不够重视党内法规制度建设，党的组织力战斗力就弱，党所领导的各项事业就会深受影响、发展受阻。

新民主主义革命时期，中国共产党依据马克思主义党的学说与党的建设原则，围绕中国共产党自身的处境和党的建设的一些主要问题，明确严格的入党手续、强化党的组织建设、确定党的指导思想、强调严格的组织纪律性，还制定《中国共产党第一个纲领》《中国共产党章程》等党内法规，并与时俱进地修改和完善。同时，还颁布了一些辅助履行《中国共产党章程》和贯彻执行党的决策决定的条文规定，保证了我们党在恶劣的斗争环境中，能够朝着制定的目标和方向艰难前行。党组织的力量实现了从小到大、从弱到强的向好发展，并最终从中国众多政党中脱颖而出，成为推进中国革命发展的重要力量。这个时期，党内法规制度建设始终围绕中国共产党的中心工作展开，党内法规的制定和出台，均以规范党员个体行为和组织行动为原则。整体而言，党内法规制度建设，保证了党组织从小到大，从弱到强，从局部走向全国的发展变

迁。当然，由于中国共产党成立初期，党处于秘密状态，随即又投身于革命实践之中，总体上还没有，也不可能形成一套完整的、相互衔接的党内法规制度体系。因此，建党初期制定的不成体系的党内法规，难以对各级党组织和党员进行有效监督、制约，导致在早期革命实践中，党的活动一度不是遵循党章党规，而是听命于共产国际代表、听命于党内"家长式"的领导，民主集中制原则和党内的一些规定在党内被扭曲，以致造成建党初期党内出现三次"左"倾和两次右倾错误，严重影响了党的中心工作。事实说明，党内错误路线的形成，是以民主集中制不健全，党内法规制度建设没有及时跟进、没有得到有效遵循为前提的；反过来，党内错误路线的推行，又进一步破坏了民主集中制，践踏了党内法规制度。落脚延安以后，针对建党初期党内法规制度建设不成体系和党的建设存在的这样那样的问题，中国共产党不断强化党内法规制度建设，一系列党内法规制定出台，为推进党的建设伟大工程提供了有力制度保障，也为新民主主义革命时期党的中心工作的顺利推进保驾护航。

社会主义革命和建设时期，中国共产党在领导全国各族人民建立中华人民共和国的基础上，开启了在贫穷落后国家建设社会主义的新征程，也开始了中国共产党执政后党内法规制度建设的历程。这一时期，中国共产党的中心任务，就是完成社会主义革命和建设，为了更好地围绕中心任务，中国共产党从党的建设和党内实际状况出发，制定了八大党章，适时出台颁布了一系列党内法规和制度，先后恢复和建立了党的各级纪律检查委员会和监察委员会。这说明，中国共产党执政以后，已经有意识地、自觉地思考并着手进行执政党党内法规制度建设。这一时期的党内法规制度建设，与革命时期相比，内容更加具体、细化了，也新增加了一些内容。遗憾的是，执政初期的中国共产党，在党内法规建设上，基本延续了革命战争时期的做法，总体上没有重大突破，更没有建立起与党的中心任务相匹配的一套严格的、配套完整的党内法规制度体系。党领导人民步入社会主义门槛后，党的中心任务是在贫穷落后的国家进行社会主义建设，由于党内法规制度建设不够健全，从1957年批判"法律至上"之后，以党内文件代替法律法规、以"人治"代替法治的现象日益突出甚至愈演愈烈，最终导致1958年经济建设的失误和1966年"文化大革命"的错误发动，党内法规制度遭到严重破坏。"文化大革命"结束以后，中国共产党深刻反思社会主义建设的探索实践，对党内法规制度建设的重要性有了深刻的理解和认识，并把党内法规制度建设作为一项事关全局的基础性工作来抓。此后，中国共产党重新认识党内法规的地位和作用，针对党的中心任务和党面临的新形势和新任务，制定并实施新的党内制度规范，党内法规建设从恢复走向改革，并逐渐走上科学化道路。

改革开放和社会主义现代化建设新时期，中国共产党始终围绕经济建设这一中心工作，不断推进党内法规制度建设。作出实行改革开放伟大决策的党的十一届三中全会，针对党内法规制度建设旗帜鲜明地提出了健全党的民主集中制、健全党规党法、严肃党纪的任务。全会公报明确指出："国要有国法，党要有党规党法。全体党员和党的干部，人人遵守党的纪律，是恢复党和国家正常政治生活的起码要求。"1980年2月，党的十一届五中全会通过的《关于党内政治生活的若干准则》明确要求全党同志一定要振奋革命精神，"把维护党规党法，切实搞好党风这件关系到四个现代化的成败，关系到党和国家前途和命运的大事做好"。1980年8月，邓小平同志在中央政治局扩大会议上作题为《党和国家领导制度的改革》的讲话，对党内法规制度问题的重要性，党内法规制度在党的建设中的地位、作用、意义，法规制度上存在的弊端以及对其进行改革的指导思想、方法、步骤等，都作了全面而深刻的阐述。邓小平同志的这些论述，为党内法规制度建设指明了方向，提供了遵循，是推进党内法规制度建设的纲领性文件。此后，中国共产党按照邓小平同志"领导制度、组织制度问题更带有根本性、全局性、稳定性和长期性。这种制度问题，关系到党和国家是否改变颜色，必须引起全党的高度重视"[①]的要求，不断强化党内法规制度建设。党的十二大提出了在党的建设上必须着重解决健全党的民主集中制，使党内政治生活进一步正常化，改革领导机构和干部制度等问题，有力地推动了党内法规制度建设，为新时期党内法规制度建设奠定了坚实的基础。1983年10月，党的十二届二中全会通过的《中共中央关于整党的决定》提出："经过这次整党，要努力建立、健全和改革党内生活的各种必要制度。"1986年9月，党的十二届六中全会通过的《中共中央关于社会主义精神文明建设指导方针的决议》指出："建设好的党风，思想教育很重要，制度建设也很重要。"党的十三大明确提出了在党的建设上要走出一条靠改革和制度建设的新路子，旗帜鲜明地强调制度建设，以制度建设保障党的中心工作得以实现。党的十三届四中全会以后，以江泽民同志为核心的党的第三代中央领导集体，在建设中国特色社会主义的实践中，坚持和发展了邓小平同志这一重要思想，始终不渝地推进党内法规制度建设。江泽民同志在党的十四届四中全会的讲话中指出："注重制度建设，是这次全会决定的一个重要指导思想。制度建设更带有根本

---

① 《邓小平文选》第二卷，人民出版社1994年版，第333页。

性、全局性、稳定性和长期性。"此后，江泽民同志在各种场合反复强调制度建设的重要性，把党内法规制度建设提到了相当的高度。在十五届中央纪委三次全会上又指出："从严治党，严肃党纪，最根本的就是全党各级组织和全体党员、干部，都要做到严格按照党章办事，按照党内政治生活准则和党的各项规定办事。"21世纪以来，特别是党的十六大以来，以胡锦涛同志为总书记的党中央，立足新的实践和新的发展，坚持走科学执政、民主执政和依法执政之路。把加强党内法规制度建设，完善党内法规制度建设，构建党内法规体系提到了一个新高度。胡锦涛同志在十六届中央纪委五次全会上指出，要"继续在完善制度上下功夫，推进反腐倡廉工作的制度化、法制化，发挥法规制度的规范和保障作用"。在十六届中央纪委六次全会上，胡锦涛同志强调要"进一步加强制度建设，加强以党章为核心的党内法规制度体系建设，着力提高制度的科学性、系统性、权威性"。在党的十七届四中全会上再次强调，加强党的建设，必须"建立健全以党章为根本、以民主集中制为核心的制度体系，推进党的建设的科学化、制度化、规范化"。

进入中国特色社会主义新时代以来，以习近平同志为核心的党中央着眼于执政兴国的重大历史使命，把党内法规制度建设提到了前所未有的高度，把全面从严治党纳入"四个全面"战略布局，坚持以政治建设为统领，坚持思想建党与制度治党相结合、依规治党与以德治党相统一，把制度建设贯穿于党的建设中，不断扎牢扎实扎密制度的笼子。提出坚持依规治党，加强党内法规制度建设，举全党之力、集全党之智，立体式全方位推进党内法规制度体系建设。党的十八届三中全会、四中全会作出深化党的建设制度改革、形成完善的党内法规体系的战略决策，党的十九大提出加快形成覆盖党的领导和党的建设各方面的党内法规制度体系，中央先后制定《中央党内法规制定工作五年规划纲要（2013—2017年）》《中央党内法规制定工作第二个五年规划（2018—2022年）》，明确了到建党100周年时形成比较完善的党内法规制度体系的任务书、时间表、路线图，大大增强了党内法规制定工作的系统性和前瞻性，指明了新时代党内法规制度建设的努力目标和前进方向。中国共产党党内法规制度建设紧随新时代、扎根新时代、服务新时代，紧扣时代使命、时代课题、时代之问，为提高党的执政能力和领导水平、提高党的建设质量、维系党的先进性和永葆党的纯洁性提供了坚强的党内法规制度保证。

当前，中国共产党肩负着带领全国人民全面建成社会主义现代化强国，实现中华民族伟大复兴中国梦的历史使命，面对的"四大考验"前所未有，面临的"四大危险"格外尖锐，反对形式主义、官僚主义、享乐主义和奢靡之风任重而道远，营造山清水秀的政治生态任务非常繁重。直面这样的现实，"不断提高党的领导水平和执政水平、提高拒腐防变和抵御风险能力，是党巩固执政地位、实现执政使命必须解决好的重大课题"[①]；围绕这个重大课题，加强党的执政能力建设、先进性和纯洁性建设，就成为当前党的建设的中心工作。改革开放以来，特别是进入中国特色社会主义新时代以来，中国共产党党内法规制度建设之所以成效明显，是因为抓准了这个重大课题，紧扣了这个中心工作。面向未来，党内法规制度建设要有所作为、有所突破，也必须紧紧围绕这个中心开展；否则，不仅失去意义，也因为游离于中心之外，出现"皮之不存，毛将焉附"的状况。党内法规制度建设必将更具有计划性、

[①] 《胡锦涛文选》第三卷，人民出版社2016年版，第653页。

科学性和执行力，必将为全面从严治党发挥更为积极的作用。

二、党内法规制度建设必须服从和服务于党的政治路线

中国共产党党内法规制度建设，需要正确的政治路线的指引，而以党内法规的形式确立下来的正确的政治路线，则需要党内法规保驾护航。从这个意义上理解，党内法规制度建设与党的政治路线之间是辩证统一的。制定正确的政治路线，是党的建设的根本任务，正确的政治路线决定着党的建设的方向。毛泽东同志在《〈共产党人〉发刊词》中提出了党的建设的根本任务，即"帮助建设一个全国范围的、广大群众性的、思想上政治上组织上完全巩固的布尔什维克化的中国共产党"。中国共产党百年奋斗实践证明，党的建设从来不是孤立存在的，而是与制定和执行正确的政治路线紧密联系在一起的。党的建设必须密切联系党的政治路线，这是党的建设的一条基本经验，也是党的建设的一条基本原理。党内法规制度建设作为党的建设的重要组成部分也不例外，必须服务和服从于党的政治路线，为党的政治路线的贯彻执行保驾护航。总结中国共产党百年历史经验，最根本的一条，就是党的建设必须按照党的政治路线来进行、围绕党的中心任务来展开、朝着党的建设总目标来加强，不断提高党的创造力、凝聚力和战斗力。党的政治路线是中国共产党根据革命、建设、改革、新时代各个不同历史发展阶段的社会政治经济状况和所要解决的主要矛盾制定的，用以总揽全局的基本准则。政治路线是一个政党全部活动的生命线，它决定着党的建设方向，有时

也叫总路线或基本路线。在不同的历史时期，中国共产党结合具体实际，制定了不同的政治路线。相应地，围绕不同的政治路线，制定了内容不同的党内法规制度。

新民主主义革命时期，特别是建党初期，由于中国共产党处于幼年阶段，理论修养不足、革命经验不足，中国共产党作为共产国际的一个支部，党的纲领、党的奋斗目标、党的路线方针政策深受共产国际的影响，甚至按照共产国际的指示推进革命实践。大革命时期，为了实现党制定的革命纲领，中国共产党按照共产国际的指示推进国共合作，中国共产党党员以个人名义加入中国国民党。党的领导层在此后的国共合作中，过分强调资产阶级在中国民主革命中的作用，主张中国的民主革命只能由资产阶级领导和放弃革命武装，党的独立性严重弱化，最终导致了大革命的失败。土地革命后期，王明打着反右倾的口号，在党内推行"左"倾错误，混淆民主革命和社会主义革命的界限，中国共产党内又出现了瞿秋白的"左"倾盲动主义、李立三的"左"倾冒险主义和王明的"左"倾教条主义，使中国共产党在一次次奋起中遭到重创削弱。而王明的"左"倾教条主义，最终导致了第五次反"围剿"的失败，党的事业遭遇了严重挫折，红军被迫战略转移，进行长征。抗日战争时期，中国共产党提出了抗日民族统一战线，国共双方进行了第二次合作，团结御侮、共同抗日。王明回国后，对抗日民族统一战线提出了"一切经过统一战线、一切服从统一战线"等许多右倾主张，发表一些有错误言论的宣言、决议和文章，完全放弃无产阶级在统一战线中的领导权，造成党的思想上的混乱。

回顾中国共产党新民主主义革命时期的实践，可以看出，错误的政治路线，导致党内法规建设出现偏差，存在诸多问题和不足。例如，中国共产党第六次全国代表大会通过的党章，是在大革命失败、国民党向共产党人亮出屠刀的背景下，中国共产党人远赴莫斯科召开党的代表大会制定的。这部党章深受共产国际的影响，党章的构架、体例和有些条款照搬了外国党的经验，对中国革命的长期性和农村革命根据地的重要意义认识不足，带有明显的教条主义倾向，照搬照抄外国党章程的许多条款。这些条文不适用于中国共产党的具体革命实践，对中国革命的指导意义有限。六大党章第一章第一条明确规定，"中国共产党为共产国际之一部分，命名为'中国共产党'，为共产国际支部"。这部党章最突出的一点，是规定中国共产党为共产国际支部，无条件地服从共产国际的决议。这就用党章规定的形式，把中国共产党置于共产国际之下，这种过分的不适当的关系，使得中国共产党按照共产国际的指示行事，而不能独立自主地按照中国的具体实际情况领导中国革命和自行处理党内事务。1935年8月，鉴于国际形势日益复杂，各国具体情况又极为不同，共产国际七大明确共产国际执委会"在解决一切问题时要根据每个国家的具体情况和特点，一般不要直接干涉各国共产党内部组织上的事宜"，实现了共产国际的重大策略转变，纠正了"左"倾宗派主义错误，对推动反法西斯斗争的开展起了积极作用。从此，六大党章除正确部分外，事实上已停止执行了。再如，土地革命后期党的组织法规中，过分强调工人阶级成分，忽视了在小资产阶级队伍中发展党员，并且主张在大城市发展党的组织，以迎接革命高潮的到来。与此同时，实际工作中大搞宗派主义，用对待敌人的方式对待党员等，给党的事业造成了巨大损失。

正确的政治路线，才能指引党内法规建设健康发展。在红军长征途中，遵义会议虽然解决了中国共产党最迫切的组织问题和军事问题，但是党的政治路线问题，仍然没有得到有效解决。1935年，日本制造了一系列的侵犯华北的严重事件。在华北危急、民族存亡的紧要关头，中国共产党于1935年12月在陕西瓦窑堡召开了政治局会议，制定了抗日民族统一战线的策略路线，实现了党的政治路线的转变。西安事变和平解决以后，1937年8月中国共产党在陕北召开的洛川会议上，制定了开展敌后独立自主的游击战争的党的全面抗战路线，把实行全民族抗战与争取人民民主、改善人民生活结合起来，把反对外敌入侵与推动社会进步统一起来，正确处理了民族矛盾与阶级矛盾的关系，建立了抗日革命根据地，解决了延安时期如何进行武装斗争的问题。

在正确的政治路线指引下，延安时期的党内法规制度建设不仅提出了党内法规概念，而且初步形成了以七大党章为核心的党内法规体系。延安时期毛泽东同志提出了"党内法规"一词，当时，"党内法规"是在深刻反思和批判张国焘分裂党和红军的错误背景下出现的。党内法规建设都是在党的抗日民族统一战线和建立抗日根据地、独立自主地开展游击战争的政治路线的指引下展开的。

1938年10月，毛泽东同志在党的六届六中全会上所作《论新阶段》报告的第一部分，关于"中国共产党在民族战争中的地位"中提出，"必须对党员进行有关党的纪律的教育，既使一般党员能遵守纪律，又使一般党员能监督党的领袖人物也一起遵守纪律，避免再发生张国焘事件。为使党内关系走上正轨，除了上述四项最重要的纪律外，还须制定一种较详细的党内法规，以统一各级领导机关的行动。"在毛泽东同志看来，仅仅依靠比较抽象和笼统的"个人服从组织、少数服从多数、下级服从上级、全党服从中央"这四项纪律是远远不够的，还需要能够将全党上下统一起来的"一种较详细的党内法规",以避免恶意破坏党内团结的事情再次出现。在这次会议上,中央通过了几部关于工作规则与纪律的重要的党内文件,如《关于中央委员会工作规则与纪律的决定》《关于各级党部工作规则与纪律的决定》等。刘少奇同志还专门就党内法规建设作了说明,他在《党规党法的报告》中指出,"党是执行民族统一战线的党。要保证党的团结与统一,除政治上思想上之统一外,条文上亦应规定法律上非团结不可,以避免个别人破坏党的团结与统一。并以此党规与党法去教育同志"。党的六届六中全会通过的决议,是抗日战争进入相持阶段,为了克服王明的右倾错误、巩固和扩大抗日民族统一战线、统一全党于正确的政治路线而制定的。在党的正确的政治路线指引下,为了健全党的组织体制,扩大和巩固党员队伍,维护党的组织纪律,进而制定了党的组织法规、党员干部法规和纪律法规。宣传教育法规也紧紧围绕宣传党的理论、路线、方针和政策,建立和维护抗日民族统一战线,进而促进全民族的抗战而制定。

新民主主义革命时期,为了贯彻新民主主义革命总路线,中国共产党先后制定和颁布了一系列以党章为核心的各种党内法规制度,规范和约束了各级党组织和党员的行为,提高了党在革命战争年代的凝聚力和战斗力,为党最终夺取政权提供了坚实的制度保障。

中华人民共和国成立以后,中国共产党领导人民迅速恢复了国民经济,及时制定了"在一个相当长的时期内,基本上实现国家工业化和对农业、手工业、资本主义工商业的社会主义改造"的过渡时期总路线。为了保证"一化三改"的顺利进行,中国共产党及时出台了相关法规制度,为我国顺利完成从新民主主义社会向社会主义社会的过渡提供了制度保障。历史证明,党提出的过渡时期总路线是完全正确的。为保证过渡时期总路线的实现而制定的党内法规,作用是显而易见的,它保证了中国顺利步入社会主义社会。然而,从20世纪50年代后期开始,由于党在指导思想上的失误,党的政治路线开始偏离正确方向,科学有效的党内法规没有得到应有的尊崇,最终导致"文化大革命"十年动乱。而在此期间,党内法规制度建设也相应进入了一个畸形发展阶段。

党的十一届三中全会以后,以邓小平同志为核心的党的第二代中央领导集体,从中国的实际出发,及时总结了这方面的经验教训。他立足我国处于社会主义初级阶段的基本国情,提出和确立了新时期中国共产党"一个中心、两个基本点"的基本路线。这条基本路线是现阶段中国共产党的全部工作的总的指导方针,一切具体工作路线和各项方针政策都必须依据基本路线的精神来制定。作为党的建设重要组成部分,党内法规制度建设自然也要牢牢抓住经济建设这个中心,紧紧围绕这条基本路线来进行,为这条路线保驾护航。

中国共产党在总结党内政治生活正反两方面经验,特别是"文化大革命"惨痛教训的基础上,于1980年制定了《关于党内政治生活的若干准则》(以下简称《准则》)。《准则》既对当时党内存在的突出矛盾和问题提出了指导性的解决办法,又对党在长期实践中取得的宝贵经验和深刻教训进行了归纳。这既对当时恢复和健全党内民主、维护党的集中统一、严肃党的纪律、促进党的团结,实现政治上、思想上、组织上、作风上的拨乱反正,以及实现全党工作中心的转移,发挥了重要历史作用;又对马克思主义建党理论的丰富发展,具有开创性意义。《准则》的主要原则和规定至今依然适用。比如,关于党内政治生活的目标和基本准则,关于坚持党的政治路线和思想路线,关于坚持集体领导、反对个人专断,关于维护党的集中统一、严格遵守党的纪律,关于坚持党性,关于要讲真话、言行一致,关于发扬党内民主、正确对待不同意见,关于保障党员权利不受侵犯,关于接受党和群众的监督、不搞特权等,这些都是中国共产党长期坚持的原则和规定。正如习近平同志所言:"一九八〇年制定的《关于党内政治生活的若干准则》,对于当时恢复和健全党内民主、维护党的集中统一、严肃党的纪律、促进党的团结,实现政治上、思想上、组织上、作风上的拨乱反正,实现全党工作中心的转移,发挥了重要历史作用。当前,《准则》对我们严肃和规范党内政治生活、弘扬党的优良传统和作风仍具有重要现实指导意义。"①

改革开放和社会主义现代化建设新时期,随着改革开放和社会主义现代化建设的推进,中国共产党面临的形势任务和党内情况发生了深刻变化。中国共产党自身建设既积累了大量新成果新经验,又面临许多新情况新问题。强化制度意识,加强党内法规建设,这是着眼于加强管党治党、坚强领导核心,坚持思想建党和制度治党相结合的一个重要安排。正确的政治路线确定之后,党内法规的制定必须服从服务于党的政治路线。强化制度意识,严格遵守党内法规,对于贯彻执行党在社会主义初级阶段的基本路线至关重要。改革开放以来,党中央特别重视遵守政治纪律,就这个问题对各级党组织和全体党员提出了严格要求,制定和颁布了多部党内法规,努力维护党中央的权威。党中央同时还采取断然措施,对那些违反党的基本路线、反对四项基本原则、搞资产阶级自

---

① 中共中央党史和文献研究室编:《十八大以来重要文献选编》下,中央文献出版社2018年版,第406页。

由化的行为和反对改革开放的行为，对制造和传播政治谣言、破坏党的团结和统一的行为，严格按照党规党纪予以追究。比如，20世纪80年代中后期，针对党内少数党员，包括一些领导干部，借改革开放之机，公开发表违背党的十一届三中全会以来党的路线、方针、政策的言论，甚至公然否定四项基本原则、攻击社会主义制度的现象，以及严重影响到党的基本路线的情况，党中央及时制定相应党内法规，有针对性地应对党内出现的问题，确保党的政治路线的贯彻落实。1987年1月13日，中央纪委发出《关于共产党员必须严格遵守党章的通知》，强调"共产党员必须自觉地遵守党章，严格执行党的纪律""党的各级组织包括各级纪检部门要切实维护四项基本原则，旗帜鲜明地反对资产阶级自由化，担负起维护党章的神圣职责""要在全党进行党章的再学习、再教育，以增强党性，提高遵守党的纪律的自觉性"。1989年9月22日，江泽民同志在全国先进基层党组织和优秀党务工作者表彰大会上的讲话中指出："历史经验证明，党的建设必须紧紧围绕党的政治路线来进行，为党的政治路线服务。如果偏离这个指导思想，党的建设就没有正确的方向；党的政治路线也难以得到正确的贯彻执行。"据统计，从1987年到1992年，各级纪检机关在全党深入开展了遵守和维护党的政治纪律法规的教育，查处了一批严重违反党的政治纪律的案件，处分违反政治纪律的党员13254人，其中县团级以上党员领导干部1179人。20世纪90年代以后，党中央针对邪教组织"法轮功"又制定了几部重要法规文件，为规范民间组织也出台了相应的党内法规制度。这一系列法规文件的颁布，对于全面贯彻执行党在社会主义初级阶段的基本路线，保证改革开放和社会主义现代化建设的顺利进行，提供了良好的法规制度保障。

中国特色社会主义进入新时代，中国共产党人要更好地进行具有许多新的历史特点的伟大斗争、推进中国特色社会主义伟大事业、实现中华民族伟大复兴的伟大梦想，就必须以更大力度推进党的建设新的伟大工程，坚定不移推进全面从严治党，切实把党建设好、管理好，维系党的先进性和永葆党的纯洁性，增强党的创造力凝聚力战斗力向心力，提高党的领导水平和执政水平，确保党始终成为中国特色社会主义事业的坚强领导核心。推进制度治党，强化党内法规制度建设，加强和规范党内政治生活、加强党内监督，成为新时代加强党的建设十分重要的课题，也是我们推进全面从严治党的重要抓手。因此，党的十八大以来，以习近平同志为核心的党中央全面系统总结了中国共产党管党治党的理论和实践经验，看哪些经过实践检验是好的、可行的，必须长期坚持；哪些可以进一步完善并上升为制度规定，以党内法规的形式固化下来；哪些需要结合新的情况继续深化。所以，党中央制定准则、修订条例，强化党内法规建设，是着眼于推进全面从严治党、坚持思想建党和制度治党相结合的一个重要安排。

党的十八大以来，中央高度重视新的历史条件下政治纪律建设。习近平总书记在十八届中央纪委二次全会上强调："现代政党都是有政治纪律要求的，没有政治上的规矩不能称其为政党。"习近平总书记多次强调政治纪律，并将政治规矩同政治纪律一并强调，要求党员、干部不仅必须遵守党章、准则、条例和规范性文件等成文的政治纪律和政治规矩，而且要遵守我们党在长期实践中形成的，经过实践检验、约定俗成、行之有效的不成文的政治纪律和政治规矩，把政治纪律和政治规矩摆在突出位置。习近平总书记还对遵守政治纪律和政治规矩，提出了五个方面的重点要求：一是必须维护党中央权威，决不允许背离党中央要求另搞一套，全党同志特别是各级领导干部在任何时候任何情况下都必须在思想上政治上行动上同党中央保持高度一致，听从党中央指挥，不得阳奉阴违、自行其是，不得对党中央的大政方针说三道四，不得公开发表同中央精神相违背的言论。二是必须维护党的团结，决不允许在党内培植私人势力，要坚持五湖四海，团结一切忠实于党的同志，团结大多数，不得以人划线，不得搞任何形式的派别活动。三是必须遵循组织程序，决不允许擅作主张、我行我素，重大问题该请示的请示，该汇报的汇报，不允许超越权限办事，不得先斩后奏。四是必须服从组织决定，决不允许搞非组织活动，不得跟组织讨价还价，不得违背组织决定，遇到问题要找组织、依靠组织，不得欺骗组织、对抗组织。五是必须管好亲属和身边工作人员，决不允许他们擅权干政、谋取私利，不得纵容他们影响政策制定和人事安排、干预正常工作运行，不得默许他们利用特殊身份谋取非法利益。2015年10月，《中共中央关于印发〈中国共产党纪律处分条例〉的通知》要求，把严守政治纪律和政治规矩永远排在首要位置，通过严肃政治纪律和政治规矩带动其他纪律严起来。党的十九大报告强调，"重点强化政治纪律和组织纪律，带动廉洁纪律、群众纪律、工作纪律、生活纪律严起来。"这些论述和要求体现了全面从严治党的高标准、严要求。

中国共产党党内法规制度建设与正确的政治路线是密切相关的，而不是彼此割裂的。正确的政治路线，是党内法规制度建设的指引，为党内法规制度建设高质量推进提供前提；而党内法规制度建设的扎实推进，又对正确的政治路线的有效贯彻落实提供了制度支撑和实践规范。

三、正确处理党内法规制度建设与党的其他方面建设之间的关系

加强党内法规制度建设，是中国共产党管党治党的优良传统和政治优势。中国共产党百年历史，是一部不断加强自身建设，引领党组织发展壮大、行稳致远的历史，也是一部不断通过党内法规引领、规范和约束各级党组织和党员行为规范的历史。在百年历史进程中，中国共产党高度重视党内法规制度建设，把党内法规制度建设始终贯穿管党治党全过程，坚持思想建党和制度治党相结合，坚持实践基础上的制度创新和制度规范下的实践落实相统一，进而使我们党在加强自身建设中一路走来，并不断走向未来。

党内法规制度建设，标志着中国共产党始终注重自身建设，坚决肃清党内存在的问题，维系党的先进性、永葆党的纯洁性的决心。坚持党要管党，塑造党的光辉形象，是革命时期党的建设的根本方向。在革命、建设、改革实践中，中国共产党党内法规制度建设的与时俱进，确保了我们党自身建设的不断加强，也确保了我们党不断行稳致远。

中国共产党在1921年7月颁布了《中国共产党第一个纲领》。这可以看作是中国共产党制定党内法规的起点。纲领对中国共产党党员的义务、党员的发展、党组织的设立和组织经费使用的监督等进行了规定，也对共产党员的行为规范作出了具体要求，为秘密状态下党的自身建设和组织发展提供了遵循。在新民主主义革命时期，中国共产党在领导革

命实践和党的自身建设中，提出了"三大纪律，八项注意""请示报告制度"等纪律规矩和党内制度，凭借这些符合革命实践、党的建设实际的党内法规制度，中国共产党把自己打造成一个先进的有战斗力的马克思主义政党。革命时期党内法规建设的直接目的是规范各级党组织的组织行为和党员的个体行为，调整党内具体行为关系，但其背后最终还是指向党所肩负的历史使命。具体来讲，就是通过党内法规制度建设，不断加强党的自身建设，提高党的凝聚力战斗力向心力，确保中国共产党完成新民主主义革命的任务，实现"国家的独立和民族的解放"的革命目标。革命实践中，中国共产党通过党内法规对党组织工作、活动和党员行为的规范，成功地将党建设成为一个具有强大凝聚力战斗力向心力，善于将马克思主义基本原理与中国具体实际相结合，领导中国人民取得革命战争最终胜利的政党。毛泽东同志在《〈共产党人〉发刊词》一文中，把党的建设称为"伟大的工程"，充分体现了党的建设的重要性，而党内法规制度建设，是建设"伟大的工程"的基本保障。

新中国成立后，中国共产党的角色发生了深刻变化，实现从领导人民夺取全国政权而奋斗的党到成为一个领导着全国政权并长期执政的党的转变。在这一重大转变过程中，因为胜利，人民感谢我们，资产阶级也会出来捧场，而党内的骄傲情绪、以功臣自居的情绪、停顿起来不求进步的情绪、贪图享乐不愿再过艰苦生活的情绪，在部分意志薄弱的党员干部中蔓延生长，严重影响着党的革命性、先进性和纯洁性。针对党的建设中出现的这些问题，中国共产党在领导全国人民进行社会主义革命和建设的进程中，必须向党内讲明白，夺取全国胜利，只是万里长征走完了第一步，革命以后的路程更长，工作更伟大，更艰苦，务必使同志们继续保持谦虚、谨慎、不骄、不躁的作风，务必使同志们继续保持艰苦奋斗的作风。在加强党的建设实践中，中国共产党时刻注重保持党的先进性和提升党员干部的素养，重视发展党的组织，重视建设良好的党内政治文化。同时，以党内法规建设为路径，对党内出现的倾向和问题进行针对性的回应，取得了一系列重要成果。比如，针对党内存在的错误思想和不良作风，中共中央于1950年5月颁布《中共中央关于在全党全军开展整风运动的指示》，要求"首先整顿干部作风""有领导有组织有准备地进行整党整干工作"。同月发布《中共中央关于发展和巩固党的组织的指示》，总结新中国成立以来党的组织工作的优点和缺点，对接下来的组织工作如发展党员的重点、党员成分的比例、公开建党方式等问题进行规划，在党的组织建设历程中起到了重要作用。此外，制定颁布的党内法规，在党的组织、宣传教育、党员管理、作风建设等方面也进行了规定。这一时期，一方面，我们党根据出现的新情况新问题，及时灵活运用党内法规文件来约束或指导党的各级组织和全体党员，起到了管党治党的作用；另一方面，我们党统领国家各项工作，有效弥补了建设时期因法律体系尚未形成出现的一些混乱。

社会主义建设时期，我们党紧跟时代发展、任务需要、争议焦点，对党内事务作出制度性规定，使得党内法规具有灵活高效的特点。党内法规具有很强的针对性，党内法规建设既要有"量"的保证，更要重视"质"的提升。

改革开放以来，中国共产党已经注意到党内法规制度建设与党的建设的紧密联系。党的建设是一项系统工程，由政治建设、思想建设、组织建设、作风建设、纪律建设、反腐倡廉建设和制度建设等要素构成，各要素之间相互作用、相互促进，构成一个有机整体，形成一种合力。这就要求中国共产党在实践中重视党的思想建设、组织建设、作风建设和反腐倡廉建设的同时，不能忽视、甚至否定党内法规制度建设重要性，更不能把它们对立起来。要把党内法规制度建设贯穿党的建设的各个方面、各个环节，既用党内法规制度建设来促进党的思想建设、组织建设、作风建设和反腐倡廉建设的深入发展，又用党内法规制度建设来巩固党的建设取得的积极成果。因此，中国共产党历代中央领导集体都强调，要从多方面全方位加强党的建设。党的十四届四中全会将新时期党的建设称为"新的伟大工程"。2002年11月，江泽民同志在党的十六大报告中明确指出："一定要把思想建设、组织建设和作风建设有机结合起来，把制度建设贯穿其中，既立足于做好经常性工作，又抓紧解决存在的突出问题。"

在党内法规制度建设和党的其他各项建设之间的关系中，最关键、最容易忽视的是正确认识和把握党内法规制度建设和党的思想建设之间的关系。从中国共产党建设史的背景来看，着重从思想上建党，是以中国共产党人面对党必须大量吸收农民和小资产阶级出身的革命者入党的实际，和党处于各种非无产阶级思想的强大影响之下的特点，为党的建设确立的一条基本原理。正如毛泽东同志所言，"掌握思想领导是掌握一切领导的第一位"。实践证明，这条原理是党保持自身先进性、不断发展壮大最后取得革命胜利的正确建党原则。时至今日，全球化背景下建设中国特色社会主义事业的重任，更加凸现了这条原则的重要性。1995年1月，江泽民同志在十四届中央纪委五次全会上就指出："我们党历来把思想政治建设摆在党的建设的首位。这是我们党提高自身凝聚力、战斗力的一条十分重要的经验，也是我们党始终保持工人阶级先锋队性质、坚持拒腐防变的一项根本性措施。"而邓小平同志对党的法规制度建设的强调，则是顺应党长期执政、全面推进改革开放、发展社会主义市场经济和我国参与国际竞争的要求，在总结执政以来党的建设发生严重失误教训的基础上，针对党和国家在制度上存在的严重缺陷而提出的。

进入21世纪以来，我们党在始终不渝地坚持党的思想建设的同时，更加注重党内法规制度建设，注重把党的思想、组织、作风和反腐倡廉建设的成果及时法制化、规范化，为全面推进党的建设提供了必要的法规支持。比如，党中央从2005年1月开始，经过一年半时间分三批在7000多万党员中开展了以实践"三个代表"重要思想为主要内容的保持共产党员先进性教育活动，取得了丰硕成果。为了巩固和扩大先进性教育活动成果，更好地落实党要管党、从严治党的方针，2006年6月中共中央办公厅印发了《关于加强党员经常性教育的意见》《关于建立健全地方党委、部门党组（党委）抓基层党建工作责任制的意见》《关于做好党员联系和服务群众工作的意见》《关于加强和改进流动党员工作的意见》四个法规性文件，为建立健全保持共产党员先进性的长效机制提供了法规保障。

党的十八大以来，党内法规制度建设作为全面从严治党的重要组成部分，日益与党的建设其他内容相融合。习近平总书记强调："我们要增强依法执政意识，坚持以法治的理念、法治的体制、法治的程序开展工作，改进党的领导方式和执政方式，推进依法执政制度化、规范化、程序化。"[①] 党的十八届四中全会作出的《中共中央关于全面

---

① 《习近平谈治国理政》第二卷，外文出版社2017年版，第120页。

推进依法治国若干重大问题的决定》也提出，党内法规是管党治党的重要依据，要"形成配套完备的党内法规制度体系"。2013年颁布的《中央党内法规制定工作五年规划纲要（2013—2017年）》规定："在对现有党内法规进行全面清理的基础上，抓紧制定和修订一批重要党内法规，力争经过5年努力，基本形成涵盖党的建设和党的工作主要领域、适应管党治党需要的党内法规制度体系框架。"可见，党内法规制度建设已日益融入党的建设新的伟大工程，为党的建设增添了新的活力和保障。

  回顾中国共产党百年来的建设历程，我们可以发现党的思想建设和党内法规制度建设都是党的建设的重要组成部分，相辅相成，缺一不可。党内法规制度是经过实践检验的正确路线方针的具体化，是全党行为的规范，党的各级组织和全体党员都应自觉遵守和执行。党的思想建设可以培养提高党员的思想觉悟和道德情操，促使党员主动自觉地遵守各种党内法规制度。这就需要我们尤其要注意反对两种错误倾向。一方面，我们要反对离开党的思想建设、离开党员主观能动性的"党内法规万能论"，防止和克服把党内法规制度建设简单化绝对化为机械唯物主义倾向；另一方面，我们也要防止片面强调政治建设、思想建设的重要性，贬低甚至否定党内法规制度建设重大作用的唯心主义倾向。就党的历史传统及执政党自我改革的要求来说，后一种倾向更需要警惕和防止。那种以为政治问题、思想问题解决了，一切问题都可以解决的片面性倾向，是长期困扰党的法规制度建设的一个不容忽视的问题。因此，加强党内法规制度建设，必须与政治建设、思想建设相结合，坚持政治建设、思想建设与党内法规制度建设并重，协调发展，确保党的建设沿着正确的轨道发展。

四、坚持党章在党内法规制度建设中的核心地位

党章是党的根本大法，是全党必须遵循的总规矩，是我们立党、治党、管党的总章程，是全党最基本、最重要、最全面的行为规范。在党内法规制度体系中，党章具有至高无上的地位，是党内具有最高权威的法规，被称为党内的"宪法"。党内法规是中国特色社会主义法律体系的重要组成部分，是建设社会主义法治国家的有力保障。1978年12月，邓小平同志在作《解放思想，实事求是，团结一致向前看》报告时指出："国要有国法，党要有党规党法。党章是最根本的党规党法。没有党规党法，国法就很难保障。"这也正是后来党的十八届四中全会所强调的"党章是最根本的党内法规，全党必须一体严格遵行"的最初由来。

"国有国法、党有党规。"党章是党组织有效有序运转的重要保证。中国共产党历来重视党章建设，一再推进党章的与时俱进。迄今为止，中国共产党先后对党章进行了17次修正。每一次修正，都是对党面临的重大问题的回应，都对党的组织和党员规范作出了明确的规定。这些渗透着历史烟云和经历岁月洗礼的党章条文，从独特的视角再现了我们党从幼年走向成熟、从弱小走向强大的全部过程，记录着党的思想理论、政治主张、路线方针政策、制度机制不断发展的历史轨迹，指导着党内法规的发展和变迁。

新民主主义革命时期，中国共产党章程的制定与修正，为党内法规制度建设提供了依据。在革命年代，我们党一共制定通过了6部党章。

1921年7月党的一大通过了由董必武、张国焘、李达起草的党的纲领。具有临时党章特点的党的纲领，之所以被放入党章发展史中，是因为它包含属于党章性质的一些条文，实际起到了党章的作用，它对党的自身发展、党组织的运作和党员行为作出了具体规范。1922年7月党的二大通过的《中国共产党章程》，是党的历史上第一部党章，标志着中国共产党创建工作的完成。二大章程由党员、组织、会议、纪律、经费、附则六章二十九条4000多字构成，相对来讲已经比较完善了。党章制定好了以后，是不是就一劳永逸了呢？答案当然是否定的。因为世界在变化，社会在发展，时代在进步，党面临的形势与任务也在不断变化，需要及时制定党内法规，制定制度和纪律规矩。及时对党章作出修正，用最新的党章指导党的建设、党的工作和党员的实践，是时代发展的要求，也是革命发展的要求。为了给予党内法规制度建设有效有益的指导，在革命实践中，我们党对党章进行了5次修正。值得注意的是1927年五大党章，这是党的历史上唯一一部不是由党代会修改和通过的党章，因其产生于党的五大之后，所以习惯上仍称其为五大党章，对革命实践具有指导意义，对党制定党内法规具有指导意义。1928年党的六大通过的"第四次修正章程"，是中国共产党唯一一部在国外制定的党章。六大党章重视基层党组织建设和党员发展工作，带有明显的苏共党章的印记，六大党章强调"中国共产党为共产国际之一部分"，即共产国际的支部，规定党的全国代表大会须"由中央委员会征得共产国际同意后召集之"。这些规定明显地过分强调共产国际在中国共产党的建设中的地位和作用，不但违背了马克思主义的基本原则，也在党的制度上为共产国际干涉中共党内事务提供了依据，存在一些不足。正如刘少奇同志所言，"党的第六次全国代表大会通过的党章，由于情况的特殊，许多部分不能适用，这就造成许多党员对党章重视不够、实行不力的习惯"①。但六大党章，十分重视基层党组织建设，开始意识到思想建党的重要性，是中国革命时期制定党内法规的总依据。

1945年党的七大通过的党章，是第一部由我们党完全独立自主修正的党章，充分证明了党的成熟和坚强。七大党章有几个特点：一是确定了章纲并立的体例，把党的纲领和党的章程合二为一，把党的纲领作为党章的总纲部分写进去。二是把毛泽东思想确立为党的指导思想，成为指引中国革命走向胜利的指导思想。三是完善了民主集中制，提出坚持民主集中制的"四个服从"的原则要求。四是以条文形式规定党员的义务和权利。七大党章是民主革命时期最好、最完备的一部党章，为全党团结一致夺取新民主主义革命胜利奠定了坚实基础，也为中国共产党指导中国革命进程中制定党内法规，提供了基本遵循。

社会主义革命和建设时期，我们党一共制定通过了4部党章。1956年党的八大制定了中国共产党执掌全国政权后的第一部党章，这部党章是党探索社会主义建设规律和执政党建设规律的初步成果，为社会主义建设时期党的建设指明了正确方向。应该说，是我们开启建设社会主义具有指导意义的纲领性文件，也是我们在执政条件下，加强党的自身建设，规范党内事务，制定党内纪律规矩的指导性文献。但由于党缺乏执政的经验，加之国内外斗争环境影响，八大党章在实践中没有得到有效贯彻落实，在"文化大革命"中受到了严重践踏，教训极其深刻。1969年九大党章和1973年十大党章，是在"无产阶级专政下继续革命的理论"指导下，适应"以阶级斗争为纲"的"左"倾错误的需要而

---

① 《刘少奇选集》上卷，人民出版社1981年版，第318页。

产生的，给党的建设带来了严重的危害。正如邓小平同志严肃指出的，九大、十大搞的党章，实际上不大像党章。1977年十一大党章，从内容上看恢复了七大、八大党章的一些优点，但仍坚持"文化大革命"的理论和方针，反映了党的工作在徘徊中前进的状况。正是由于党章的贯彻执行受到了严重践踏，或者党章的修正偏离了方向，导致党章的权威和地位受到挑战，对党内法规制定的指导作用不能有效发挥，造成党内法规没有发挥应有的效用。

改革开放以来，我们党先后制定修改了8部党章。1982年的十二大党章，清除了十一大党章中"左"的错误；继承了七大和八大党章的优点，对党的性质、指导思想、奋斗目标和国际国内政策作出正确阐述；明确规定党必须在宪法和法律范围内活动；规定中共中央不设主席和副主席，只设总书记；提出党禁止任何形式的个人崇拜，第一次把入党誓词载入党章。十二大党章比较全面正确地回答了新时期执政党建设的目标、途径和方法等基本问题，是此后党章历次修订的蓝本，至今仍在发挥重要作用。根据党的理论创新和实践发展，在保持十二大党章基本内容总体稳定的前提下，党先后7次对党章作出了与时俱进的修正。其中十五大党章把邓小平理论确立为党的指导思想；十六大党章把"三个代表"重要思想确立为党的指导思想；十八大党章将科学发展观确立为党的指导思想；十九大党章最大的亮点和贡献是将习近平新时代中国特色社会主义思想确立为党的指导思想，把习近平同志的核心地位写入了党章，为新时代党的建设和中国特色社会主义事业作出了总体布局，为新时代党领导人民坚持和发展中国特色社会主义指明了方向。

纵观党章发展基本历程，可以得出这样一个结论：党的事业和党的建设的发展对党章不断提出新的要求，反过来，党章的与时俱进又推动了党的事业和党的建设的新发展,推动了党内法规的发展与变迁。正如习近平总书记指出:"我们党总是认真总结革命建设改革的成功经验,及时把党的实践创新、理论创新、制度创新的重要成果体现到党章中,从而使党章在推进党的事业、加强党的建设中发挥了重要指导作用。"①

五、党内法规制度建设必须遵循平等、公开和系统的指导原则

中国共产党在党内法规制度建设的过程中,形成了一些充满时代精神、顺应历史潮流变化、符合党的长久利益的价值观念和指导原则,这些原则是党内法规制度建设基本经验的一种体现。

党内法规制度建设必须坚持平等原则。马克思主义经典作家对此有专门论述。斯大林曾指出:"如果我们对领袖们宣布一种党的法规,对党内的'平民'宣布另一种党的法规,那末我们就根本没有什么党,没有什么党的纪律了。"② 1945年5月,刘少奇同志在党的七大上作关于修改党章的报告,也批评了某些有特权思想的党员干部,"他们认为党的法规和决议,是为那些普通人写的,而不是为他们这些特殊的领导人写的。这是党内一种反民主的个人专制主义倾向,是社会上特权阶级的思想在党内的反映。"③ 改革开放后,邓小平同志进一步强调:"公民

---

① 习近平:《认真学习党章 严格遵守党章》,《求是》2012年第23期。
② 《马克思 恩格斯 列宁 斯大林论无产阶级革命政党》,人民出版社1978年版,第66页。
③ 《刘少奇选集》上卷,人民出版社1981年版,第360页。

在法律和制度面前人人平等，党员在党章和党纪面前人人平等。"[1] 在党章党纪面前，没有特殊化的党员，所有的党员都要按照党的章程和纪律办事，这是一条铁的纪律。但是，在目前党内现实生活中，还存在着官僚主义现象，一些党员仍或多或少地存在特权思想。因此，在党内法规制度建设中，贯彻平等原则不仅有着可靠的理论依据，而且有着现实的客观要求。作为党内根本大法的《中国共产党章程》，在"总纲""党员""党的组织制度"等章节中明确作出"加强组织性纪律性，在党的纪律面前人人平等""不允许有任何不参加党的组织生活、不接受党内外群众监督的特殊党员""不允许任何领导人实行个人专断和把个人凌驾于组织之上"等规定，这充分体现了党内平等原则，同时，也为保证党内民主提供了重要法规依据。当前，党内法规制度建设中，贯彻平等原则应抓住两个关键环节，一是在制定党内法规制度时，要始终注意让每个党员根据党规党法平等地履行义务，平等地行使权利，不给任何人以特权，使党内法规制度对每个党员都有普遍的约束力。我们不能对一部分人的利益进行偏袒，规定一部分人只享有权利，而另一部分只承担义务，那就没有平等和法治可言。二是在法规执行中要做到法规面前人人平等，执行法规没有例外。无论是领导干部还是普通党员，也无论是哪一级干部，一旦违反党规党法，就必须以事实为依据，以法规为准绳，进行公正处理，既不能歧视任何人，也不能给任何人以特权。正如邓小平同志强调的："谁也不能违反党章党纪，不管谁违反，都要受到纪律处分，也不许任何人干扰党纪的执行，不许任何违反党纪的人逍遥于纪律制裁之外。"[2]

---

[1] 《邓小平文选》第二卷，人民出版社 1994 年版，第 332 页。
[2] 同上。

党内法规制度建设必须坚持公开原则。党章规定，党员作为党的主人，享有"在党的会议上和党报党刊上，参加关于党的政策问题的讨论""对党的工作提出建议和倡议""行使表决权、选举权，有被选举权"等八项民主权利。但由于某些主观和客观条件的限制，许多党员不能直接参加党的决策、法规和重大问题的制定、决定过程。因此，要发展党内民主，保障党员民主权利，就必须坚持公开透明的原则。在党内法规制度建设过程中，要贯彻公开原则，一是要明确可公开的内容。譬如，党内法规制度的制定程序、具体内容，党内法规制度执行过程中的工作程序和有关活动，对党规党法执纪人员的纪律要求、重要执法执纪事项的有关结果等，都应该公开。二是要选择合适的公开方式。我们既可以利用党内文件、会议宣传、研讨座谈等形式，也可以利用广播、电视、报纸、网络等大众传播媒介形式，还可以允许党员群众亲自向党的各级领导机关或执法机关了解有关法规制度情况。三是要把握好法规制度公开的尺度，处理好公开与保密的关系。有些涉及国家安全和民族利益、涉及党的根本利益的机密不宜向社会宣传，有些属于党员或领导干部的个人隐私也不宜公开。当然，就公开本身而言，也必须纳入法治化轨道，将公开的内容、范围、程序、方式、责任等用党内法规文件形式固定下来，从而使公开本身做到有章可循，减少随意性。

党内法规制度建设必须坚持系统原则。党内法规制度建设，是一项有关党的百年大计的系统工程，要有系统观念和整体原则。从内部环境看，加强党内法规制度建设要清楚党内法规制度的基本含义、结构体系、功能特征等基本原理，要熟悉每一个党内法规制度的制定、遵守、施行和保障的运行过程，要了解党内法规制度产生、发展的基本历史；从外部环境看，要清楚党内法规制度建设与党的政治、思想、组织、作风、反腐倡廉、先进性和执政能力等建设之间的关系，要清楚党内法规制度与党的纪律、伦理道德、国家法律等的联系与区别。总结中国共产党党内法规制度建设的百年历史，我们认为，当前加强党内法规制度建设要着重处理好以下五对关系：从构建党内法规制度体系角度看，必须处理好实体性法规与程序性法规建设的关系；从健全党内法规制度运行机制角度看，必须处理好党内法规制度与党内民主的关系；从加强和改善党的领导角度看，必须处理好党内法规制度与党的其他方面建设的关系，尤其是与党的思想建设之间的关系；从提高党内法规制度的效力角度看，要从立法、守法、执法和监督各个环节作出严格规定，关键要处理好党内法规制度的制定和执行的关系；从建设社会主义政治文明的高度看，必须处理好党内法规制度与国家法律的衔接关系。

后　　记

《制度建党理论与实践》这本专著，是课题负责人李仁彬主持完成的课题"制度建党理论与实践"的最终研究成果，该课题是2021年中共成都市委党校（成都行政学院、成都市社会主义学院）庆祝中国共产党建党100周年专项课题（项目编号：E-2021-JD001）。课题以党内法规为视角对党的制度建设理论和实践进行了深入研究，阐释了共产党人对党内法规建设的认识以及推进党内法规建设的实践历程，分析论证了党内法规建设的重要启示。因此，该课题成果也是作为一份生日礼物献给中国共产党成立100周年。

参加本课题研究和撰写任务的成员有：李仁彬教授（撰写绪论）、曾艳副教授（撰写第一章）、葛宝森副教授（撰写第二章）、安立伟副教授（撰写第三章）、吴欣教授（撰写第四章）、董波教授（撰写第五章）、施俊伟教授（撰写第六章）。

感谢参与本课题研究、撰写、审校、统筹的相关人员，十分感谢国家行政学院出版社在本书出版过程中给予的大力支持。

"制度建党理论与实践"课题组

2022年4月

责任编辑：陆　夏
封面设计：魏　颖

定价：51.00元